Ivan Max Freire de Lacerda
Ana Liz Souto Oliveira

<PROGRAMADOR WEB>

Um guia para programação e manipulação de banco de dados

Senac Nacional – Rio de Janeiro – 2014

Editor: Rose Zuanetti (rzuanetti@senac.br)

Coordenação de produção editorial: Sonia Kritz (soniakritz@senac.br)

Atendimento comercial: Ricardo Argento e Cláudia Cordeiro (gpde@senac.br)

Supervisão editorial: Rose Zuanetti
Copidesque: Selma Monteiro
Revisão técnico-pedagógica: Maria Luiza Motta da Silva Araujo
Projeto gráfico, capa e diagramação: Christiane Abbade – Tipo e Gráfica Comunicação
Revisão: Obra Completa Comunicação e Simone Teles
Produção gráfica: Adriane Abbade e Juliana Schettino

Dados de Catalogação na Publicação

LACERDA, Ivan Max Freire de; OLIVEIRA, Ana Liz Souto. **Programador web**: um guia para programação e manipulação de banco de dados. 1 reimp. Rio de Janeiro: Senac Nacional, 2014. 176 p. Il. ISBN 978-85-7458-330-3.

INFORMÁTICA; PROGRAMADOR WEB; BANCO DE DADOS; LINGUAGEM DE PROGRAMAÇÃO.

Ficha elaborada de acordo com as normas do SICS - Sistema de Informação e Conhecimento do Senac.

Senac Nacional
Av. Ayrton Senna, 5.555
Barra da Tijuca – CEP 22775-004
Rio de Janeiro – RJ
Tel.: (21) 2136-5668
gpde@senac.br
www.senac.br

NOTA DO EDITOR

A facilidade com que consultamos e movimentamos páginas de hipertexto durante a navegação na internet, a rapidez ao acessar links que nos levam a sites e depois a outros, e assim infinitamente, só é possível graças à construção de páginas eletrônicas. Por trás dessa capacidade hipertextual, há uma linguagem de descrição chamada HTML (HyperText Markup Language ou Linguagem de Marcação de Hipertexto), muito conhecida entre os programadores que trabalham com a web.

Os autores e professores Ivan Max Freire de Lacerda e Ana Liz Souto Oliveira procuram ensinar de forma clara e objetiva como o futuro programador web pode construir páginas HTML e seus estilos por meio da linguagem CSS (Cascading Style Sheets ou Folhas de Estilo em Cascata). Além disso, explicam as linguagens JavaScript e PHP (Hipertext Processor) e a construção de um banco de dados com MySQL (My Structured Query Language).

Com mais esta publicação, o Senac Nacional espera colaborar para a formação e atualização de programadores em um segmento que cresce dia a dia na área de informática.

SUMÁRIO

INTRODUÇÃO

Quando falamos em internet, ou navegação na net, geralmente estamos nos referindo ao acesso e à movimentação em páginas de hipertexto hospedadas em sites. Por meio delas podemos ler notícias, mensagens de e-mail, pesquisar, fazer compras etc.

Essas páginas possuem uma característica que as torna mais dinâmicas que as páginas impressas de um livro ou revista. Qualquer imagem, foto, texto ou outro conteúdo pode ser um link, ou hiperlink, para acessarmos outra página ou outro conteúdo. E essa página pode estar hospedada em um site localizado em um computador em qualquer lugar do mundo. O termo navegação na internet tem a ver com essa possibilidade de passear, ou navegar, entre páginas de hipertexto, bastando para isso clicar nos links desejados. Por essa mesma razão, chamamos de navegador o programa que acessa essas páginas.

Por trás dessa capacidade hipertextual, há uma linguagem de descrição chamada HTML (HyperText Markup Language), que é uma abreviação da expressão inglesa para Linguagem de Marcação de Hipertexto. Nós acessamos as páginas HTML por meio de um endereço chamado URL (Universal Resource Locator), que indica onde está localizado um documento ou recurso disponível na internet.

Exemplos de URL

www.ufrn.br
www.senac.br

Dependendo de como foi configurado o servidor web, uma página-padrão será aberta quando digitamos a URL em um programa navegador. Na figura a seguir, abrimos a URL www.senac.br usando o navegador Mozilla Firefox.

Já um site é um conjunto de páginas HTML, que são acessadas por meio de uma URL. As páginas HTML que acessamos na internet ficam armazenadas em um computador chamado de servidor web, que é conectado à internet. O servidor é responsável por atender aos pedidos dos usuários, como solicitação de sites, correio eletrônico e documentos. Geralmente, o servidor web tem uma pasta raiz, onde as páginas são armazenadas. Podemos configurar uma página-padrão, que será aberta quando não especificarmos uma página na própria URL. Geralmente o arquivo dessa página é nomeado "index.htm" ou "default.htm".

Antes de as páginas HTML entrarem em ação na internet e serem visualizadas no mundo todo, os códigos das páginas precisam ser desenvolvidos e testados. Por isso, antes de enviarmos nossos códigos para um servidor web remoto, é preciso testá-los em nosso próprio computador. Neste caso, esse computador será conhecido como "localhost", ou seja, o hospedeiro local de páginas. Todos os códigos que produzirmos posteriormente poderão ser migrados para o servidor web.

Neste livro, aprenderemos a construir páginas HTML. Também usaremos o CSS (Folhas de Estilo em Cascata) para formatar as páginas, atribuindo-lhes cores e fontes. Abordaremos ainda o JavaScript e o PHP, duas linguagens de programação. Por último, veremos como utilizar um banco de dados em nossas páginas.

>1<<<<<

HTML

HTML é uma linguagem de marcação para desenvolvimento de páginas na internet. Qualquer editor de textos que tenha a capacidade de gerar arquivos de texto puro, sem formatação, pode ser utilizado para criar uma página HTML, por exemplo, o Bloco de notas (Notepad) no Windows e o VI no Linux.

Depois de criada, a página pode ser interpretada e visualizada por um programa tipo browser, também chamado de navegador, como Mozilla Firefox, Internet Explorer ou Google Chrome.

Marcações ou tags

As marcações ou tags usadas em um arquivo HTML comandam o que o navegador deve fazer para apresentar a página. Elas são facilmente identificadas no texto, pois vêm delimitadas pelos sinais de menor que (<) e maior que (>). A seguir, temos dois exemplos de tags:

```
<HTML>
<TITLE>
```

A primeira marcação indica o início de um documento HTML, e a segunda, o título principal. Muitas tags têm uma marcação de início e outra de término. No quadro abaixo, a tag <TITLE> inicia o título da página e a tag </TITLE> o termina.

```
<TITLE> Controle Acadêmico </TITLE>
```

Criação dos primeiros documentos HTML

Os arquivos HTML têm uma estrutura de descrição mínima. Na figura 1, temos todas as tags minimamente necessárias à criação de uma página.

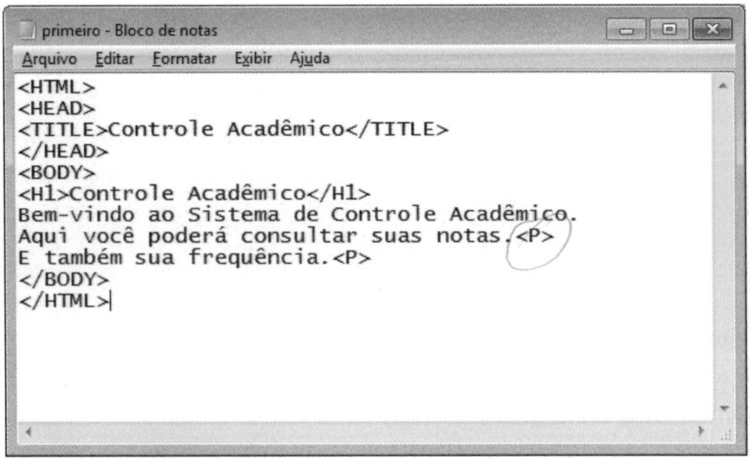

Figura 1

Usando o Bloco de notas ou qualquer outro editor de textos que consiga gerar texto puro, digite o documento HTML da figura 1 e salve-o com o nome primeiro.htm. Depois abra-o em um navegador. Veja o resultado na figura 2.

Figura 2

Agora, vamos entender o significado de cada tag desse documento. As tags <HTML> e </HTML> identificam, respectivamente, o início e o fim de um documento HTML. Já <HEAD> e </HEAD> delimitam o cabeçalho no qual inserimos o título principal (tags <TITLE> e </TITLE>). <BODY> e </BODY> demarcam o espaço no qual inserimos as tags de descrição do conteúdo da página, também chamado de corpo do documento.

No corpo, temos as tags <H1> e </H1> (primeiro cabeçalho do texto) e a tag <P>, que define uma quebra de parágrafo no texto que vai ser exibido.

Neste capítulo, escreveremos as tags usando letras maiúsculas para destacá-las. No entanto, ao interpretar um documento HTML, o browser não faz distinção entre maiúsculas e minúsculas. Desse modo, tanto <TITLE> como <Title> ou <TITLE> são formas corretas de escrever a tag.

No exemplo usamos apenas um nível de cabeçalho, mas podem ser utilizados até 6 (seis) níveis, que são identificados pelas tags <H1>, <H2>, <H3>, <H4>, <H5> e <H6>.

Vejamos agora outro exemplo de página. Usando o Bloco de notas, crie o documento da figura 3 e salve-o com o nome segundo.htm.

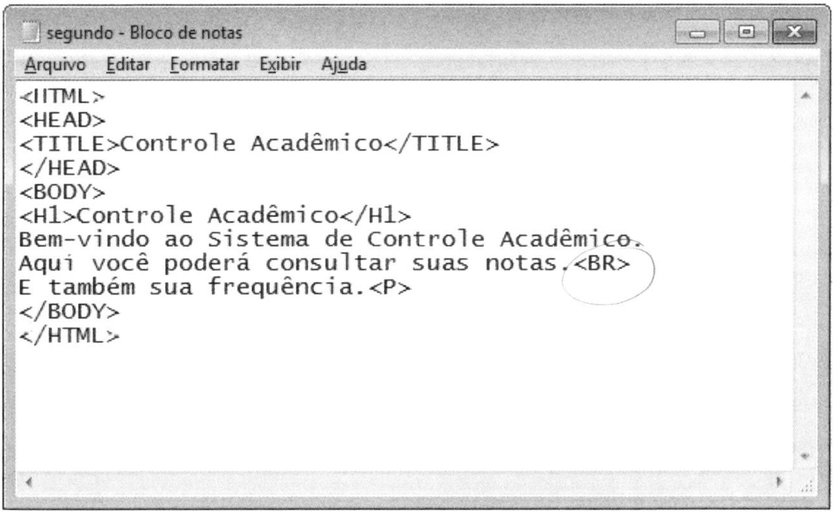


```
<HTML>
<HEAD>
<TITLE>Controle Acadêmico</TITLE>
</HEAD>
<BODY>
<H1>Controle Acadêmico</H1>
Bem-vindo ao Sistema de Controle Acadêmico.
Aqui você poderá consultar suas notas.<BR>
E também sua frequência.<P>
</BODY>
</HTML>
```

Figura 3

Aberta em um navegador, a página fica como na figura 4. Comparando os dois documentos, percebemos que a única diferença entre eles é a substituição da tag <P> pela <BR>, após a frase "Aqui você poderá consultar suas notas." A tag <BR> insere uma quebra de linha em vez de uma quebra de parágrafo. Visualmente a diferença é que a quebra de parágrafo insere também uma linha em branco entre os dois textos.

Figura 4

Formatação do texto

Existem tags específicas para formatação do texto que será exibido na página, desde aquelas usadas para aplicação de negrito ou itálico até as que podem mudar o tamanho e a fonte da letra. Na figura 5, temos um documento com algumas formatações de fonte.

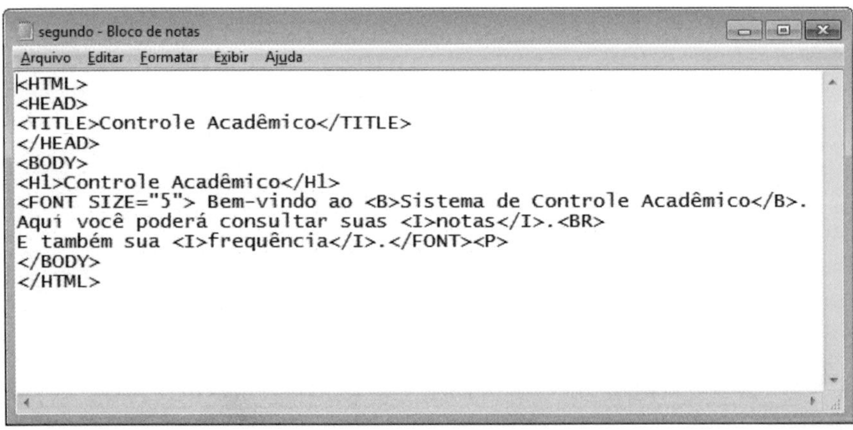


```
<HTML>
<HEAD>
<TITLE>Controle Acadêmico</TITLE>
</HEAD>
<BODY>
<H1>Controle Acadêmico</H1>
<FONT SIZE="5"> Bem-vindo ao <B>Sistema de Controle Acadêmico</B>.
Aqui você poderá consultar suas <I>notas</I>.<BR>
E também sua <I>frequência</I>.</FONT><P>
</BODY>
</HTML>
```

Figura 5

As tags <B> e </B> delimitam um pedaço do texto que vai ficar em negrito. Já <I> e </I> deixam o texto em itálico. Veja como fica a página na figura 6.

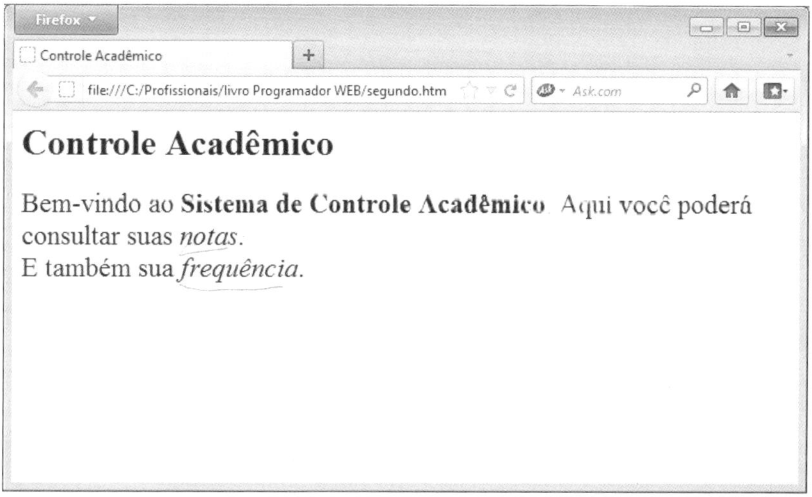

Figura 6

A tag <FONT>, também usada nesse exemplo, possibilita mudança no tamanho, na cor e no tipo de fonte da letra. Na figura 5, ela foi usada para aumentar a fonte para o tamanho 5. O tamanho original é 3. Como foi usada a tag <FONT SIZE="5">, o tamanho passou de 3 para 5. Os tamanhos podem variar de 1 a 7.

Para configurar o tipo da fonte para Arial, tamanho 4, e mudar a cor da letra para vermelha, usando a tag <FONT>, fazemos assim:

```
<FONT FACE="Arial" SIZE="4" COLOR="red">
```

Citamos aqui a tag <FONT>. Contudo, ainda que haja suporte dos navegadores para ela, seu uso não é mais recomendado em função do surgimento das folhas de estilo CSS, tratadas mais adiante.

Inserção de imagens

Para inserir imagens na página, usamos a tag <IMG>, que possui quatro parâmetros básicos: SRC – indica a localização (URL) e o nome do arquivo da imagem; WIDTH – largura da imagem em pixels (pontos da tela); HEIGHT – altura da imagem em pixels; e ALT – especifica um nome alternativo para a imagem, que será exibido quando esta não puder ser mostrada.

No quadro abaixo, temos o documento segundo.htm modificado com a inclusão da imagem `logotipo.jpg`. Ela está na mesma pasta da página, por isso não é necessário colocar toda a URL para sua localização.

```
<HTML>
<HEAD>
<TITLE>Controle Acadêmico</TITLE>
</HEAD>
<BODY>
<H1>Controle Acadêmico</H1>
<IMG   SRC="logotipo.jpg"   WIDTH=150   HEIGHT=200
ALT="Logo"><P>
<FONT SIZE="5"> Bem-vindo ao <B>Sistema de Controle
Acadêmico</B>.
Aqui você poderá consultar suas <I>notas</I>.<BR>
E também sua <I>frequência</I>.</FONT><P>
</BODY>
</HTML>
```

Veja o resultado da interpretação desse documento na figura 7.

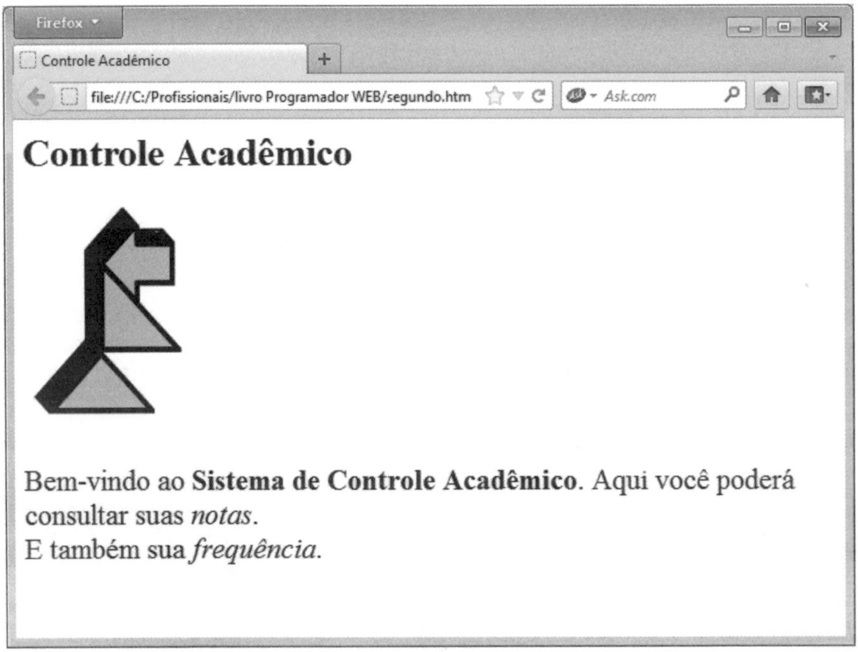

Figura 7

Criação de links

Um link ou hiperlink é a possibilidade que uma página HTML oferece de se passar, ou navegar, de um documento para outro pelo simples clique do mouse. O link é o recurso computacional que transforma um simples texto no computador em um hipertexto.

Em um documento HTML o link pode ser uma palavra, uma frase, uma imagem, um vídeo. É fácil identificar um link em uma página: basta passar o ponteiro do mouse sobre ele. O formato do ponteiro muda, indicando que ali existe um link para outro documento. Na figura 8, vemos o formato geralmente usado de uma mão, que aponta para o link "frequência".

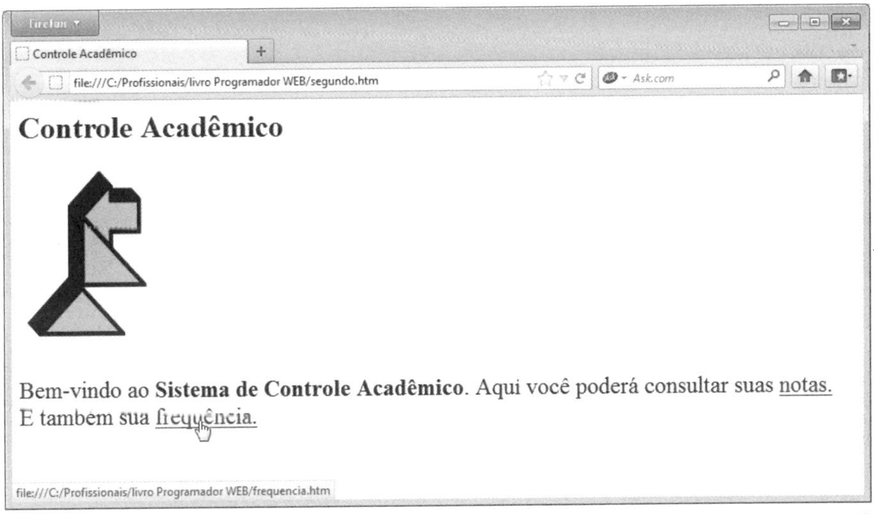

Figura 8

Percebemos também que as palavras "notas" e "frequência", que são links para outros documentos, estão sublinhadas e apresentam uma cor diferenciada do restante do texto. Além disso, ao pararmos o ponteiro sobre elas, na barra de status do navegador aparece o endereço URL do link.

Para criar um link, usamos a tag `<A>`. A seguir, o texto HTML que estabeleceu os links exibidos na figura 8.

```
<HTML>
<HEAD>
<TITLE>Controle Acadêmico</TITLE>
</HEAD>
<BODY>
<H1>Controle Acadêmico</H1>
<IMG SRC="logotipo.jpg" WIDTH=150 HEIGHT=200
ALT="Logo"><P>
<FONT SIZE="5"> Bem-vindo ao <B>Sistema de Controle
Acadêmico</B>.
Aqui você poderá consultar suas <A HREF="notas.
htm">notas.</A><BR>
E também sua <A HREF="frequencia.htm">frequência.</
A></FONT><P>
</BODY>
</HTML>
```

Na criação de um link para o documento **notas.htm** foi usada a seguinte tag:

```
<A HREF="notas.htm">notas.</A>
```

Já a criação de um link para um site presente na internet é feita assim:

```
<A HREF="www.google.com.br"> Pesquisar no Google </A>
```

Uma imagem também pode ser link. No exemplo a seguir, a imagem "`logotipo.jpg`" é um link para o site `www.google.com.br`.

```
<A HREF="www.google.com.br"> <IMG SRC="logotipo.jpg"
WIDTH=150 HEIGHT=200 ALT="Logo"> </A>
```

Um atributo interessante que podemos usar na tag `<A>` é o `TARGET`. Ele define como um link vai abrir, se na janela atual ou em uma nova janela, por exemplo. No código a seguir, o site `www.ufrn.br` será aberto em uma nova janela ou aba do navegador.

```
<A HREF="www.ufrn.br" TARGET="_blank"> Universidade
Federal do RN </A>
```

Os possíveis valores que o atributo assume estão listados na tabela a seguir:

_blank	O link será aberto em uma nova janela ou aba.
_parent	O link será aberto no frame pai.
_self	O link será aberto no frame atual.
_top	O link será aberto na janela ou aba atual ignorando os frames.

Frames

Os frames são um recurso que permite visualizar diversos documentos HTML em uma mesma página. A partir de um documento HTML pai, podemos abrir outros documentos em quadros na mesma página.

A tag usada é a `<IFRAME>`. Seus principais atributos são: `WIDTH` – define a largura do frame em pixels; `HEIGHT` – define a altura do frame em pixels; e `ALIGN` – determina a posição do frame na página. As opções do atributo `ALIGN` são: `top` (topo da página), `bottom` (embaixo), `right` (à direita), `left` (à esquerda) e `middle` (no meio da página).

No exemplo a seguir, criamos um frame que exibirá o documento **menu.htm**, num quadro com 200 pixels de largura e 300 de altura, no lado direito da página.

```
<IFRAME SRC="menu.htm" WIDTH="200" HEIGHT="300"
ALIGN="right"> </IFRAME>
```

Agora, temos um exemplo completo com dois arquivos: o documento **controle.htm**, que é o pai ou mestre (figura 9); e **menu.htm**, que é aberto a partir daquele em um frame (figura 10). Veja o resultado da interpretação do documento **controle.htm** em um navegador na figura 11.

```
<HTML>
<HEAD>
<TITLE>Controle Acadêmico</TITLE>
</HEAD>
<BODY>
<H1>Controle Acadêmico</H1>

<IFRAME SRC="menu.htm" WIDHT=200 HEIGHT=300 ALIGN="right"> </IFRAME>

<IMG SRC="logotipo.jpg" WIDTH=150 HEIGHT=200 ALT="Logo"><P>

<FONT SIZE="5"> Bem-vindo ao <B>Sistema de Controle Acadêmico</B>.<BR>
Aqui você poderá consultar suas <A HREF="notas.htm">notas.</A><BR>
E também sua <A HREF="frequencia.htm">frequência.</A></FONT><P>

</BODY>
</HTML>
```

Figura 9

```
<HTML>
<HEAD>
<TITLE>Menu</TITLE>
</HEAD>
<BODY>
<BR>
<BR>


<FONT SIZE="5">
<B>MENU</B>
<UL>
<LI> Alunos </LI>
<LI> Professores </LI>
<LI> Disciplinas </LI>
<LI> Turmas </LI>
</UL>
</FONT>

</BODY>
</HTML>
```

Figura 10

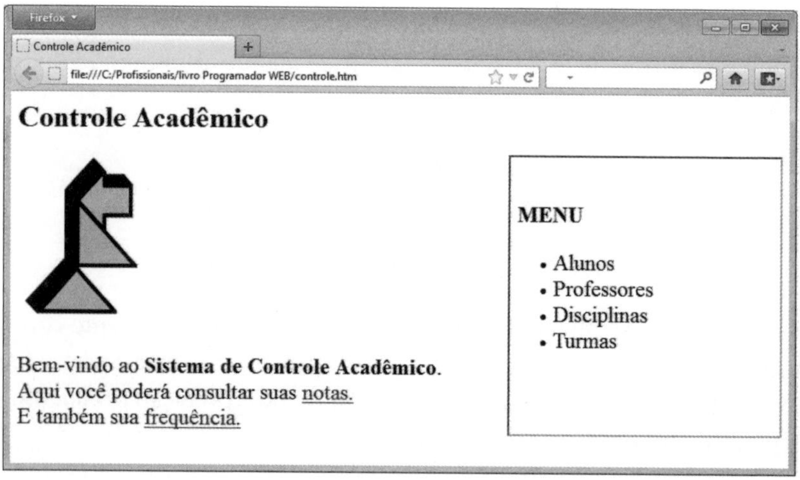

Figura 11

Tabelas

As tabelas permitem que organizemos os dados a serem apresentados em linhas e colunas. São um recurso muito usado em planilhas e editores de texto; nas páginas `HTML` temos a tag `<TABLE>`, para definir uma tabela, e as tags `<TR>` e `<TD>`, para criar linhas e células de dados, respectivamente.

No código a seguir, criamos uma tabela com duas linhas e duas colunas.

```
<HTML>
<HEAD>
<TITLE>Controle Acadêmico</TITLE>
</HEAD>
<BODY>
<H1>Controle Acadêmico</H1>
<P>
<TABLE BORDER="1">

<TR>
<TD> Matemática </TD>
<TD> Prof. Pedro do Vale </TD>
</TR>

<TR>
<TD> Português </TD>
<TD> Profa. Bianca Lacerda </TD>
</TR>

</TABLE>
</BODY>
</HTML>
```

Veja como fica o resultado no browser na figura 12.

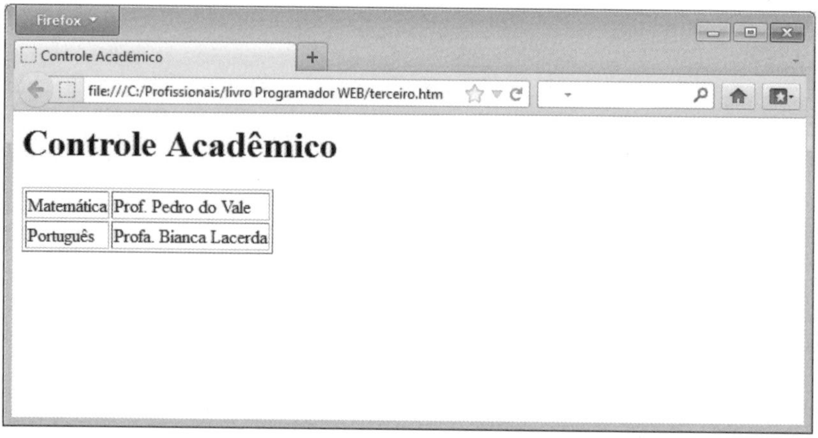

Figura 12

Na tag <TABLE>, com o atributo BORDER, definimos o estilo da borda que será usada para contornar a tabela. Se não colocarmos o atributo, a tabela será exibida sem bordas. Já a tag <TR> delimita as células de uma linha da tabela, e a tag <TD> delimita o conteúdo de cada célula. A quantidade de tags <TD> delimitadas por <TR> determina quantas colunas teremos.

Se quisermos que nossa tabela tenha um cabeçalho, usamos a tag <TH>. Ela delimita o título de cabeçalho de cada coluna. Acrescentando um cabeçalho à página da figura 12, ficamos com o código a seguir. Veja o resultado na figura 13.

```
<HTML>
<HEAD>
<TITLE>Controle Acadêmico</TITLE>
</HEAD>
<BODY>
<H1>Controle Acadêmico</H1>
<P>
<TABLE BORDER="1">

<TH> Disciplina </TH>
<TH> Professor </TH>

<TR>
<TD> Matemática </TD>
```

```
<TD> Prof. Pedro do Vale </TD>
</TR>

<TR>
<TD> Português </TD>
<TD> Profa. Bianca Lacerda </TD>
</TR>

</TABLE>
</BODY>
</HTML>
```

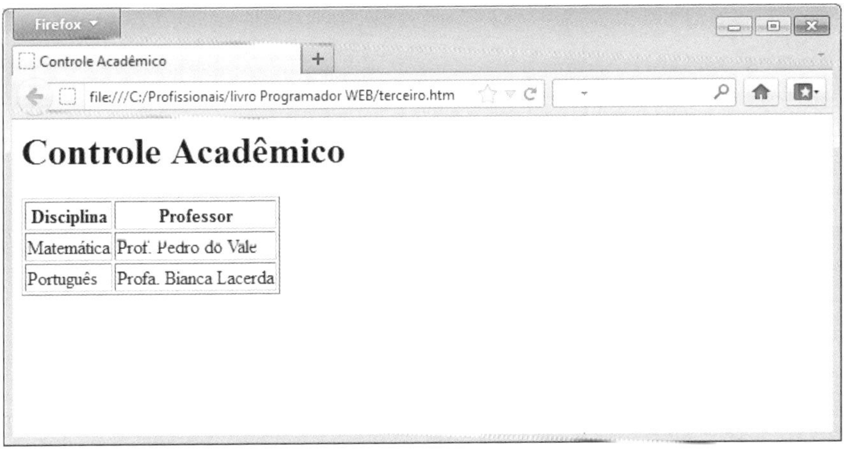

Figura 13

Listas

Listas em HTML podem ser ordenadas ou não ordenadas. Em listas ordenadas, os itens são dispostos acompanhados de numeração indicativa de sua ordem na lista, como no exemplo a seguir.

1. Alunos
2. Professores
3. Disciplinas
4. Turmas

Já em uma lista não ordenada os itens são dispostos sem numeração.

- Alunos
- Professores
- Disciplinas
- Turmas

Para listas ordenadas, usamos a tag `<OL>` e, para as não ordenadas, a tag `<UL>`. Os itens da lista são definidos pela tag `<LI>`. A seguir, um documento HTML que cria uma lista ordenada.

```
<HTML>
<HEAD>
<TITLE>Controle Acadêmico</TITLE>
</HEAD>
<BODY>
<H1>Controle Acadêmico</H1>
<BR>
<BR>


Lista ordenada
<OL>
<LI> Alunos </LI>
<LI> Professores </LI>
<LI> Disciplinas </LI>
<LI> Turmas </LI>
</OL>

</BODY>
</HTML>
```

Veja o resultado da interpretação desse código no navegador na figura 14.

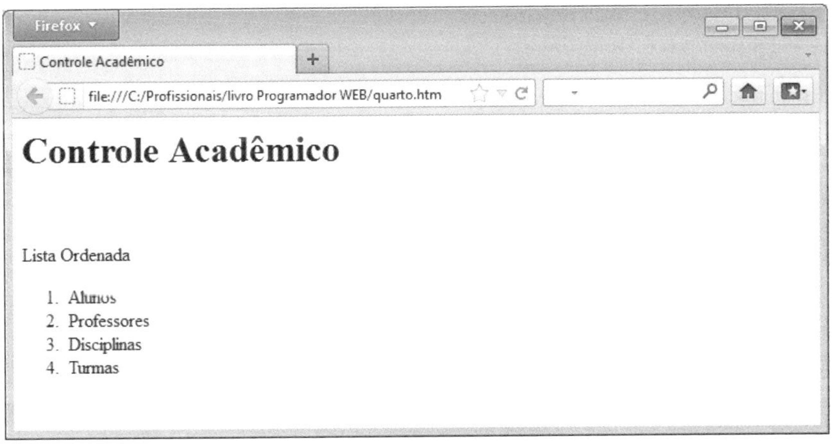

Figura 14

Para tornar a lista não ordenada, basta trocar a tag `<OL>` por `<UL>`. O código fica assim:

```
<UL>
<LI> Alunos </LI>
<LI> Professores </LI>
<LI> Disciplinas </LI>
<LI> Turmas </LI>
</UL>
```

Veja o resultado deste código no navegador na figura 15.

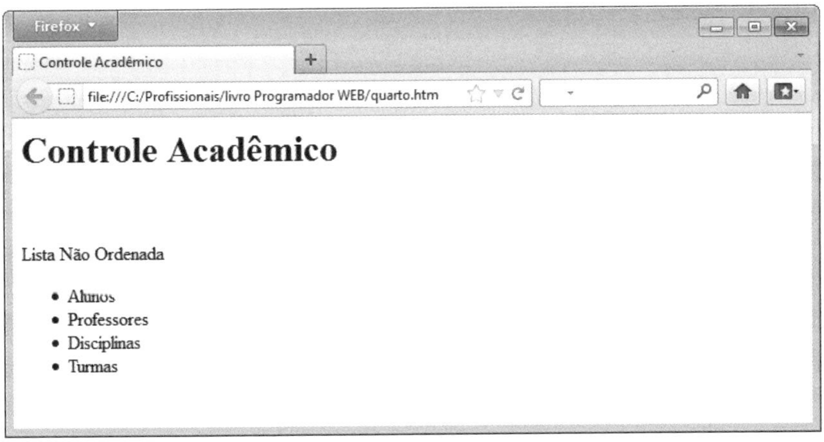

Figura 15

Formulários

Usamos formulários para permitir a entrada de dados em uma página. Páginas de cadastros e informações de contato estão entre as aplicações mais comuns. Na figura 16, vemos um exemplo de formulário de cadastro de alunos com quatro campos.

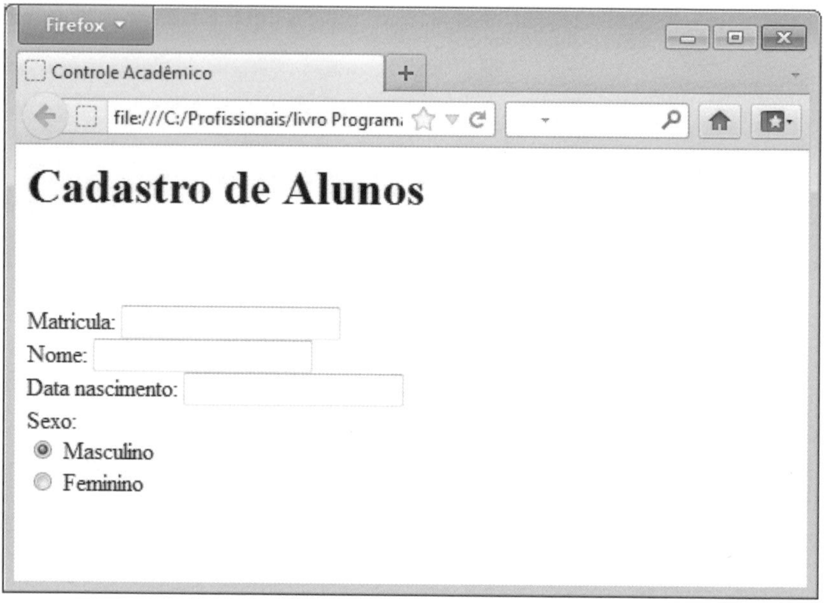

Figura 16

A tag `<FORM>` é usada para definir um formulário, e os campos são definidos por `<INPUT>`. A seguir o documento HTML da página mostrada na figura 16.

```
<HTML>
<HEAD>
<TITLE>Controle Acadêmico</TITLE>
</HEAD>
<BODY>
<H1>Cadastro de Alunos</H1>
<BR>
<BR>
```

```
<FORM>
Matricula: <INPUT TYPE="text" NAME="matricula"> <BR>
Nome: <INPUT TYPE="text" NAME="nome_aluno"> <BR>
Data nascimento: <INPUT TYPE="text" NAME="nasc_
aluno"> <BR>
Sexo: <BR>
<INPUT TYPE="radio" NAME="sexo" VALUE="masculino">
Masculino <BR>
<INPUT TYPE="radio" NAME="sexo" VALUE="feminino">
Feminino <BR>
</FORM>

</BODY>
</HTML>
```

O atributo `TYPE` da tag `<INPUT>` indica o tipo de campo de entrada de dados que vamos usar. Na tabela a seguir, constam as opções existentes.

TYPE	**Significado**
"text"	Campo de texto
"password"	Campo de texto para entrada de senha
"radio"	Botão de escolha exclusiva
"checkbox"	Botão de escolha múltipla
"button"	Botão de comando
"reset"	Botão de limpar dados dos campos dos formulários
"submit"	Botão de submeter dados dos campos dos formulários
"image"	Caixa de imagem
"hidden"	Campo não será exibido ao usuário. Somente para processamento de algum programa

2

CSS

CSS (Cascading Style Sheets), ou Folhas de Estilo em Cascata, é um recurso que surgiu com a versão 4 da HTML para facilitar o processo de formatação de páginas. Basicamente, é uma linguagem para definição de estilo de páginas. Enquanto o HTML descreve o conteúdo de uma página, o CSS formata esse conteúdo. Como já vimos, podemos usar HTML para formatar o conteúdo, mas as folhas de estilo possibilitam mais opções de formatação e maior produtividade no desenvolvimento de sites.

Uma grande vantagem do uso de CSS é a possibilidade de separar o conteúdo de uma página de sua formatação. Dessa forma, podemos mudar a formatação de várias páginas rapidamente, sem precisar alterar seu conteúdo.

Podemos aplicar CSS a um documento HTML de várias formas, tanto dentro do próprio código HTML como criando um arquivo CSS de formatação. No segundo caso, é necessário que criemos uma ligação no documento HTML, indicando qual é o arquivo CSS e em qual pasta ele está localizado. O trecho de código a seguir, inserido em um arquivo HTML, indica qual arquivo CSS **estilo.css** formatá-lo.

```
<link rel="stylesheet" type="text/css" href="estilo.
css" />
```

Esse exemplo se aplica quando os arquivos dos documentos HTML e as folhas de estilo CSS estão na mesma pasta, conforme vemos na figura 17. No entanto, quando o arquivo CSS está em outra pasta, precisamos indicar sua localização na propriedade `href`.

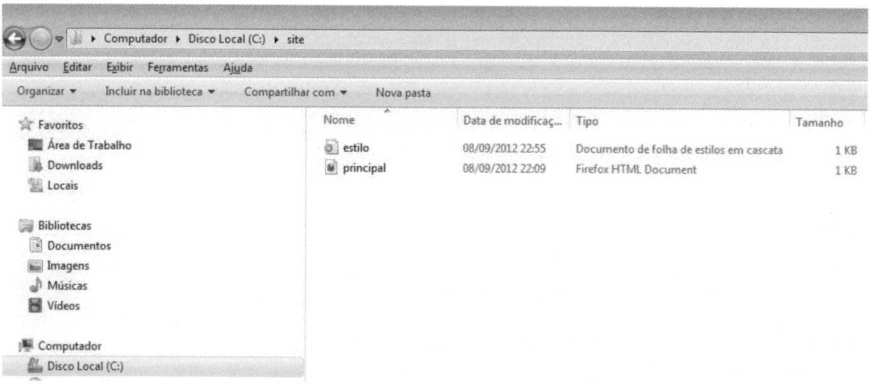

Figura 17

No quadro a seguir, vemos um código completo HTML com referência a um arquivo CSS, gravado com o nome **principal.htm.**

```
<HTML>
<HEAD>
<TITLE>Controle Acadêmico</TITLE>
<link rel="stylesheet" type="text/css" href="estilo.
css" />
</HEAD>
<BODY>
<H1>Controle Acadêmico</H1>
<P>Bem-vindo ao <B>Controle Acadêmico</B>.<BR>
Você poderá consultar suas <A HREF="notas.
htm">notas.</A><BR>
E também sua <A HREF="frequencia.htm">frequência.</
A><P>
</BODY>
</HTML>
```

Agora o código CSS, constante no arquivo **estilo.css**, foi gravado na mesma pasta do arquivo **principal.htm**.

```
body
{
background-color: yellow;
}
h1
{
color:blue;
```

```
text-align:center;
}
p
{
font-family:"Courier";
color:red;
font-size:22px;
}
```

Veja como fica o documento **principal.htm** na figura 18.

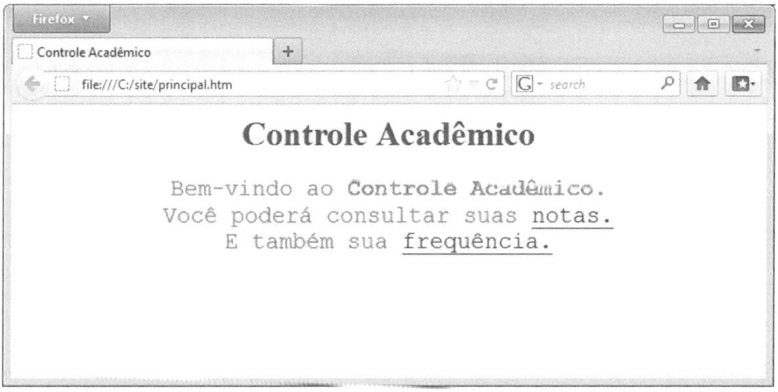

Figura 18

No arquivo **estilo.css**, temos três seletores de formatação: `body`, `h1` e `p`. No `body`, definimos a formatação do corpo do documento e, em `h1` e `p`, a formatação do primeiro cabeçalho e do texto dos parágrafos, respectivamente.

A propriedade `background-color`, no seletor `body`, indica a cor de fundo da página. O valor usado para seleção da cor tanto pode ser o nome desta predefinido quanto seu código em hexadecimal. Na tabela adiante, temos exemplos de valores que essa propriedade pode assumir.

Nome predefinido	Código hexadecimal	Cor
Aqua	#00FFFF	Azul-clara
Blue	#0000FF	Azul
DarkBlue	#00008B	Azul-escura
Black	#000000	Preta
Grey	#808080	Cinza
Green	#008000	Verde
Orange	#FFA500	Laranja
Pink	#FFC0CB	Rosa

▸▸

Nome predefinido	Código hexadecimal	Cor
Red	#FF0000	Vermelha
Silver	#C0C0C0	Prata
White	#FFFFFF	Branca
Yellow	#FFFF00	Amarela

Usamos os valores dessa tabela em todas as propriedades CSS de definição de cor. No seletor `h1`, definimos a cor das letras, por meio da propriedade `color`, e o alinhamento do texto (propriedade `text-align`). Na tabela adiante, constam os valores que a propriedade `text-align` pode assumir.

Valor	Significado
center	Alinhamento centralizado
left	Alinhamento à esquerda
right	Alinhamento à direita
justify	Alinhamento justificado

Já no seletor `p` definimos a fonte da letra (`font-family`), o tamanho desta (`font-size`) e a cor (`color`).

A partir do exemplo utilizado, deduzimos a regra geral de escrita de declarações CSS:

```
seletor
{
propriedade: valor;
}
```

O seletor é um componente de um documento HTML identificado por uma tag ou identificador. Nesse seletor, podemos atribuir valores para uma ou mais propriedades. Essas propriedades definem cor de fundo, cor de letra, tamanho de letra, alinhamento de texto etc. do seletor indicado.

Se quisermos aplicar as mesmas definições de formatação a vários seletores, podemos agrupá-los conforme o exemplo do quadro abaixo.

```
body, h1
{
background-color: yellow;
```

```
color:blue;
text-align:center;
}
p
{
font-family:"Courier";
color:red;
font-size:22px;
}
```

Propriedades CSS

Na tabela a seguir, listamos as principais propriedades CSS que podemos formatar.

Propriedade	Significado	Valores
Formatação de texto		
color	Cor do texto	Ver tabela
text-align	Alinhamento do texto	Ver tabela
Formatação de fonte de letra		
font-family	Tipo da fonte de letra	Fontes disponíveis
font-style	Estilo da fonte	Normal ou itálico (italic)
font-size	Tamanho da letra	Valor em pixels
font-weight	Definição do negrito	
Formatação de links		
link	Formato de exibição de link	
visited	Formato de link visitando	
hover	Formato de link apontado pelo mouse	
active	Formato de link quando selecionado	
Formatação de fundo de tela (background)		
background-color	Cor de fundo	Ver tabela
background-image	Imagem de fundo	Nome do arquivo de imagem
background-repeat	Preenche o fundo com repetições da imagem	
background-position	Posição da imagem de fundo	

Criação de classes CSS

Além de aplicar estilos a elementos HTML (`body`, `h1`, `p` etc.), podemos especificar nossos próprios seletores CSS pelo uso de classes e identificadores. A regra para a criação de uma classe é bem simples: indicamos um elemento

HTML e, separado por um ponto, o nome da classe. Para criar esse nome, podemos usar letras, números e símbolos, porém, recomendamos somente o uso de letras e de nomes significativos. No quadro a seguir, dentro do arquivo CSS, criamos a classe `p.corpadrao`, na qual definimos a propriedade `color` com a cor preta. Nesse caso, a classe vai atuar sobre um elemento HTML parágrafo (`p`).

```
p.corpadrao
{
color: black;
}
```

No documento HTML, usamos a classe conforme exemplo a seguir.

```
<P CLASS=corpadrao>
```

Nesse caso, estamos aplicando a classe a um parágrafo, mas podemos atuar da mesma forma no corpo da página (`body`) ou em outro elemento HTML.

Agora, vejamos um exemplo completo de um arquivo CSS usando classes e sua aplicação em uma página HTML. Primeiro, criamos um arquivo CSS nomeado **estilo2.css**, conforme o código mostrado no próximo quadro.

```
body.padrao
{
background-color:lightcyan;
text-align:center;
}
p.fontepadrao
{
font-family:"Times New Roman";
font-size:18px;
color:black;
text-align:justify;
}

p.fontedestaque
{
font-family:"Times New Roman";
font-size:18px;
font-weight:bold;
color:red;
text-align:justify;
}
```

Depois, criamos um documento HTML nomeado **regimento.htm**, cujo código está assim descrito:

```
<HTML>
<HEAD><TITLE> Controle Acadêmico</TITLE></HEAD>
<BODY CLASS=padrao>
<H1> Regimento Escolar </H1>

<link rel="stylesheet" type="text/css" href="estilo2.
css" />

<P CLASS=fontepadrao> * Nota média para aprovação:
7,0. Essa média é
alcançada através da média aritmética das 4 notas
bimestrais. <BR>
* Frequência para aprovação: 75%. Faltas justificadas
através de
requisição apresentada pelo aluno serão abonadas.
<BR> <BR>

<P CLASS=fontedestaque> O Conselho escolar é soberano
para definir a
aprovação mesmo que os resultados não tenham sido
alcançados.

</BODY>
</HTML>
```

Veja o resultado da execução do documento HTML na figura 19.

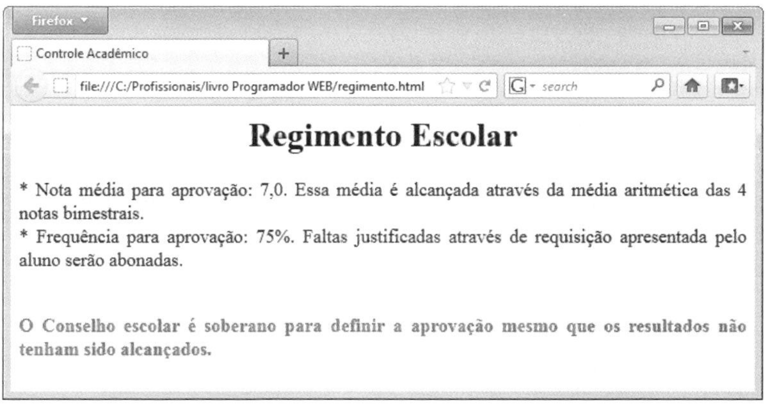

Figura 19

Criação de identificadores

Usamos o seletor identificador (`id`) para criar estilos que serão aplicados a elementos HTML. A seguir, o código CSS de criação de um identificador.

```
#paragrafo1
{
text-align:center;
color:green;
}
```

No quadro anterior, `paragrafo1` é o identificador, e as propriedades definidas estão delimitadas pelas chaves. No quadro a seguir, mostramos o arquivo **estilo3.css**, no qual criamos dois identificadores: `paragrafo1` e `cabecalho1`.

```
#cabecalho1
{
text-align:right;
}

#paragrafo1
{
text-align:center;
color:green;
}
```

No quadro abaixo, temos o documento HTML **regimento2.htm**, que faz uso dos identificadores criados em **estilo3.css**.

```
<HTML>
<HEAD><TITLE> Controle Acadêmico</TITLE></HEAD>
<BODY>
<H1 ID="cabecalho1"> Regimento Escolar </H1>

<link rel="stylesheet" type="text/css"
href="estilo3.css" />
```

```
<P ID="paragrafo1"> * Nota média para aprovação:
7,0. Essa média é
alcançada por meio da média aritmética das 4 notas
bimestrais. <BR>
* Frequência para aprovação: 75%. Faltas
justificadas mediante
requisição apresentada pelo aluno serão abonadas.
<BR> <BR>

<P> O Conselho Escolar é soberano para definir a
aprovação mesmo que os resultados não tenham sido
alcançados.

</BODY>
</HTML>
```

Veja o resultado da exibição da página na figura 20.

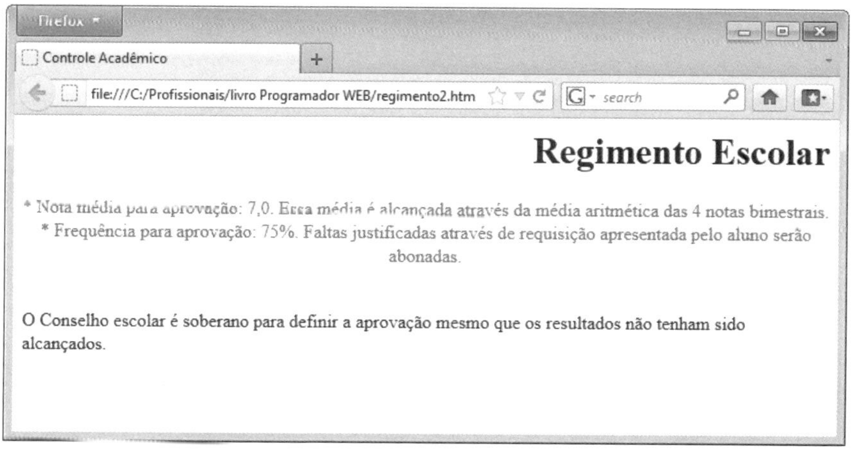

figura 20

<<>3<<<

JAVASCRIPT

JavaScript é um recurso que permite criar scripts em páginas HTML. Scripts são códigos, pequenos programas, executados pelo browser no computador cliente, ou seja, o browser tem de oferecer suporte ao JavaScript para que este possa interpretar os códigos contidos na página. Atualmente, os navegadores mais usados têm suporte para ele.

Podemos usar o JavaScript basicamente para as seguintes funções:

- Manipular o conteúdo de páginas HTML.
- Manipular estilos de formatação CSS.
- Validar dados inseridos por meio de elementos de formulários.
- Programar ações para determinados eventos ocorridos em uma página.

Existem duas formas de inserir um código JavaScript em um documento HTML. Podemos usar a tag `<script>`, conforme vemos no quadro abaixo (arquivo **testjs.htm**), ou criar um arquivo contendo o script e referenciá-lo no cabeçalho da página.

```
<HTML>
<HEAD>

</HEAD>

<BODY>

<H1>Sistema Acadêmico</H1>
<P>Menu Principal</P>

<SCRIPT>
```

```
document.write("Data atual: ")
document.write(Date())
</SCRIPT>

</BODY>
</HTML>
```

Veja o resultado da interpretação dessa página na figura 21.

Figura 21

No código do quadro acima, usamos o método `write()`, do objeto `document`, para exibir o texto "Data atual:" e, em seguida, a data e o horário correntes.

A localização do script dentro da página é importante para definir em que momento ele será interpretado pelo navegador. Se estiver na seção `head`, o script será interpretado antes de a página ser exibida; já na seção `body`, será interpretado juntamente com a exibição da página.

A segunda forma de utilização de um script em uma página HTML consiste em criar um arquivo com o código. A possibilidade de reaproveitamento rápido desse código é a vantagem de separarmos o código JavaScript do documento HTML. Dessa forma, várias páginas podem aproveitar o mesmo arquivo de script sem que seja necessário reescrever o código.

No arquivo **codigo.js**, descrito no quadro a seguir, criamos um script.

```
document.write("Data atual: ")
document.write(Date())
```

Esse script será referenciado pelo documento **testjs.htm.** Veja abaixo.

```
<HTML>
<HEAD>

</HEAD>

<BODY>

<H1>Sistema Acadêmico</H1>
<P>Menu Principal</P>

<SCRIPT type="text/javascript" src="codigo.js">
</SCRIPT>

</BODY>
</HTML>
```

O resultado da exibição da página **testjs2.htm** é o mesmo mostrado na figura 21.

Uso de funções

As funções são um poderoso recurso do qual dispomos no JavaScript. Com elas, podemos escrever códigos que podem ser rapidamente reaproveitados, sem necessidade de reescrever a programação.

No quadro abaixo, temos um exemplo de uso de função. Gravamos o documento HTML do quadro com o nome **exemplo_func.htm**.

```
<HTML>

<HEAD>

<SCRIPT>
function funcao1()
{
  alert("Usando Função");
}
</SCRIPT>

</HEAD>

<BODY>
```

```
<H1>Sistema Acadêmico</H1>

<BUTTON TYPE="button" ONCLICK="funcao1()">Clique
Aquí</BUTTON>

</BODY>
</HTML>
```

Nessa página, criamos um botão de comando que, ao ser clicado (`ONCLICK="funcao1()"`), faz uma chamada à função nomeada `funcao1()`, cujo código está escrito no cabeçalho do documento. Em `funcao1()`, usamos a `função alert()`, da biblioteca JavaScript, para exibir uma janela de mensagem com o texto `"Usando Função"`.

Veja na figura 22 o resultado da exibição da página após clicarmos o botão de comando.

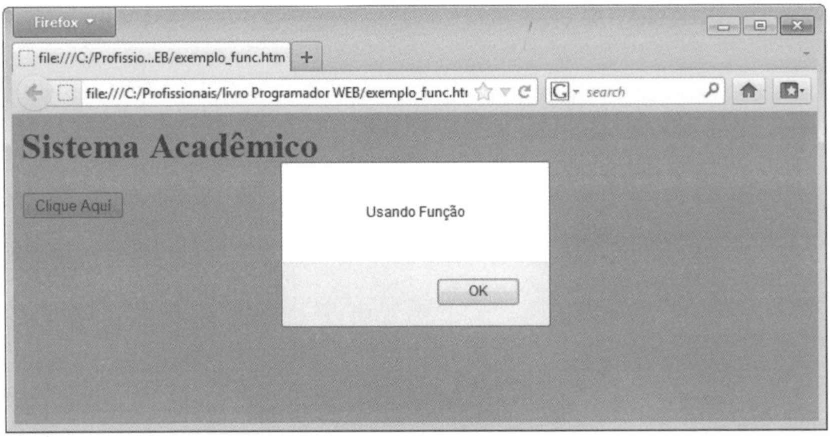

Figura 22

Podemos flexibilizar o uso de funções usando argumentos. Com o mesmo código da função, teremos resultados diferentes, se mudarmos o argumento repassado a ela.

No quadro a seguir, vemos um exemplo do uso de argumento. Em vez de exibir sempre a mesma mensagem, a `funcao1` exibe o texto passado como argumento. Gravamos o documento com o nome **exemplo_func2.htm**.

```
<HTML>

<HEAD>

<SCRIPT>
function funcao1(mensagem)
{
  alert(mensagem);
}
</SCRIPT>

</HEAD>

<BODY>

<H1>Sistema Acadêmico</H1>

<BUTTON TYPE=″button″ ONCLICK=″funcao1('Advertência:
JavaScript detectado')″>Clique Um</BUTTON>

<BUTTON TYPE=″button″ ONCLICK=″funcao1('Cuidado:
código JavaScript')″>Clique Dois</BUTTON>

</BODY>
</HTML>
```

Veja nas figuras 23 e 24 o resultado da execução do documento quando clicamos o botão "Clique Um" e "Clique Dois", respectivamente.

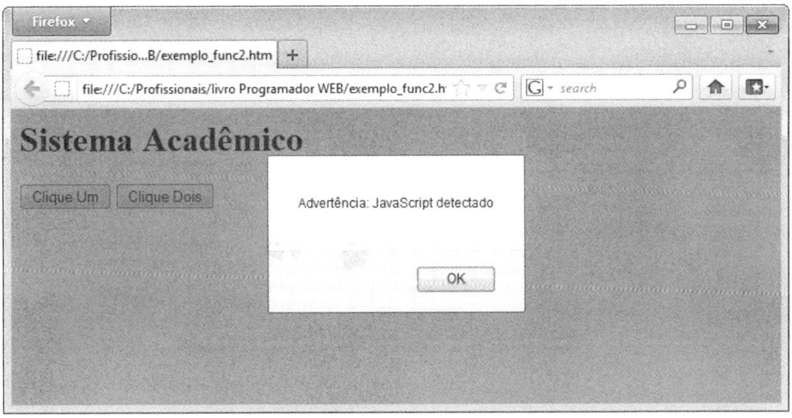

Figura 23

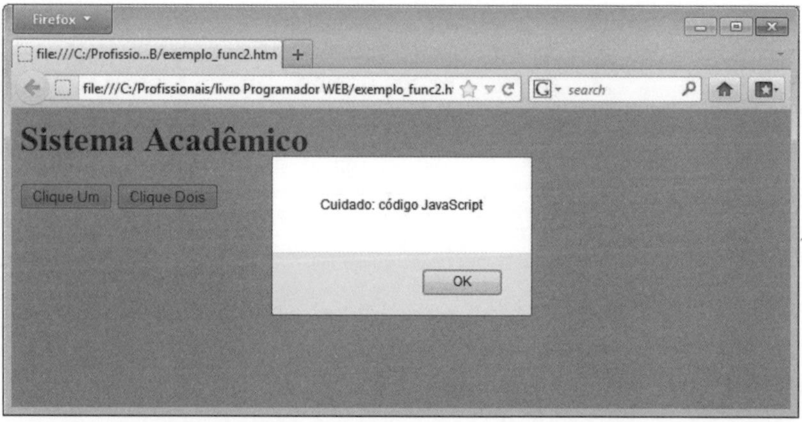

Figura 24

Além de passarmos dados às funções por meio de argumentos, também podemos retornar um valor como resultado de sua execução. Para isso, usamos o comando `return` e o valor que queremos retornar.

No quadro abaixo, vemos o arquivo **exemplo_func3.htm** com um exemplo de função que retorna um valor.

```
<HTML>

<HEAD>

<SCRIPT>

function calc_media(n1,n2)
{
  var m = (n1+n2)/2;
  return m;
}

function resultado(form)
{
  var media = calc_media(parseFloat(form.nota1.
value), parseFloat(form.nota2.value));

  if (media>=7)
    alert("Aprovado");
  else
    alert("Recuperação");
}
```

```
</SCRIPT>

</HEAD>

<BODY>

<H1>Sistema Acadêmico</H1>

<FORM NAME="myform" ACTION="" METHOD="GET">
Matricula: <INPUT TYPE="text" NAME="matricula"> <BR>
Nome: <INPUT TYPE="text" NAME="nome_aluno"> <BR>
Data nascimento: <INPUT TYPE="text" NAME="nasc_aluno">
<BR>
Sexo: <BR>
<INPUT TYPE="radio" NAME="sexo" VALUE="masculino">
Masculino <BR>
<INPUT TYPE="radio" NAME="sexo" VALUE="feminino">
Feminino <BR>
Primeira Nota: <INPUT TYPE="text" NAME="nota1"> <BR>
Segunda Nota: <INPUT TYPE="text" NAME="nota2"> <BR>
<INPUT TYPE="button" NAME="button" Value="Calcular
Média" onClick="resultado(this.form)">
</FORM>

</BODY>
</HTML>
```

Nesse código, a função `calc_media()` retorna um valor a partir do cálculo da média de dois valores passados como argumento. Tudo tem início ao se apertar o botão de comando "`Calcular Média`". Nele programamos o evento `onClick` para executar a função `resultado()`, passando como argumento o formulário ativo, conforme vemos no quadro a seguir.

```
<INPUT TYPE="button" NAME="button" Value="Calcular
Média" onClick="resultado(this.form)">
```

A função `resultado` (quadro a seguir) acessa dois valores de caixas de texto do formulário recebido (`form.nota1.value` e `form.nota2.value`) e repassa-os à função `calc_media`. Antes de serem enviados, eles são convertidos para números reais com o uso da função nativa do JavaScript `parseFloat`: `parseFloat(form.nota1.value)`. Essa conversão é necessária porque os valores de caixa de texto são textuais (`tipo string`); como precisamos fazer um cálculo com eles, devemos convertê-los para valores numéricos.

O valor de retorno da função `calc_media()` é armazenado na variável de memória `media`. Depois, testamos o conteúdo dessa variável usando o comando condicional `if` (veremos adiante, com mais detalhes, o funcionamento desse comando). Se o valor armazenado na variável `media` for maior ou igual (`>=`) a 7 (sete), será exibida a mensagem "`Aprovado`"; caso contrário (`else`), surgirá a mensagem "`Recuperação`".

```
function resultado(form)
{
  var media = calc_media(parseFloat(form.nota1.
value), parseFloat(form.nota2.value));

  if (media>=7)
    alert("Aprovado");
  else
    alert("Recuperação");
}
```

A função `calc_media()` é bem simples. Ela recebe dois valores (`n1` e `n1`), que são as duas notas digitadas no formulário; calcula a média aritmética e a retorna ao código chamador usando o comando `return`.

```
function calc_media(n1,n2)
{
  var m = (n1+n2)/2;
  return m;
}
```

Veja na figura 25 a interpretação do documento. Nesse caso, as notas informadas foram 7 e 5. Como a média é 6, a mensagem exibida é "`Recuperação`".

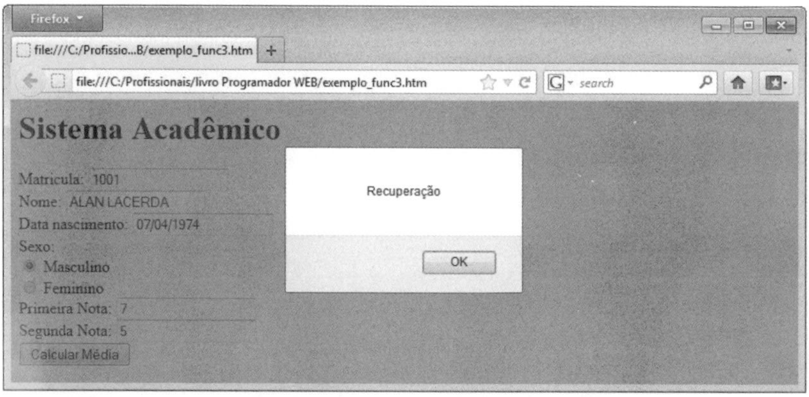

Figura 25

Funções nativas JavaScript

No primeiro quadro da página 46, usamos uma função (`parseFloat`) para converter um valor textual em valor numérico real. O JavaScript tem várias dessas funções nativas que podemos usar em nossos códigos.

Na tabela a seguir, relacionamos algumas delas, indicando sua descrição. Vale lembrar que o JavaScript é sensível ao caso (*case-sensitive*), consequentemente as funções têm de ser escritas da mesma forma que na tabela. Ou seja, se a letra for maiúscula ou minúscula, deve ser escrita da mesma maneira. Caso contrário, a função não será executada.

Função	Descrição
abs	Retorna o valor absoluto de um número
alert	Exibe uma janela com a mensagem repassada
confirm	Exibe uma janela com uma mensagem e aguarda o usuário confirmar (Ok) ou não (Cancel)
eval	Interpreta e executa *strings* com código JavaScript embutido
max	Retorna o maior valor numérico de dois informados
min	Retorna o menor valor numérico de dois informados
parseFloat	Converte uma *string* em um número real (ponto flutuante)
parseInt	Converte uma *string* em um número inteiro
prompt	Exibe uma janela com uma mensagem e uma caixa de texto para ser preenchida
random	Retorna um pseudonúmero randômico entre os números 0 e 1
round	Retorna um número arredondado para o inteiro mais próximo do número informado
sqrt	Retorna a raiz quadrada de um número informado
string	Converte em *string* (cadeia de caracteres) o valor informado

Nas seções anteriores, vimos como algumas dessas funções atuam. No documento gravado com o nome **exemplo_func4.htm**, mostrado no quadro a seguir, temos exemplos das funções `alert()`, `confirm()` e `prompt()`.

```
<HTML>
<HEAD>
<SCRIPT>
```

```
function justifica_falta(form)
{

  var jf = confirm("Justifica Falta"+form.nome_
aluno.value+"?");

  if (jf == true)
    var texto_jf = prompt("Digite a justificativa
apresentada");
  else
    alert("Falta não justificada");

}

</SCRIPT>

</HEAD>

<BODY>

<H1>Sistema Acadêmico - Justificativa de Falta</H1>

<FORM NAME="myform" ACTION="" METHOD="GET">
  Matricula: <INPUT TYPE="text" NAME="matricula">
<BR>
  Nome: <INPUT TYPE="text" NAME="nome_aluno"> <BR>
  Data da falta: <INPUT TYPE="text" NAME="falta">
<BR>
  <INPUT TYPE="button" NAME="button"
Value="Justificar Falta" onClick="justifica_
falta(this.form)">
</FORM>

</BODY>
</HTML>
```

A função `confirm()` abre uma janela com dois botões, `Ok` e `Cancel` (figura 26). De acordo com a mensagem, apertamos um dos botões para confirmar (`Ok`) ou não (`Cancel`). Se escolhermos `Ok`, a função retorna o valor `true` (verdade); se clicarmos `Cancel`, retorna o valor `false` (falso).

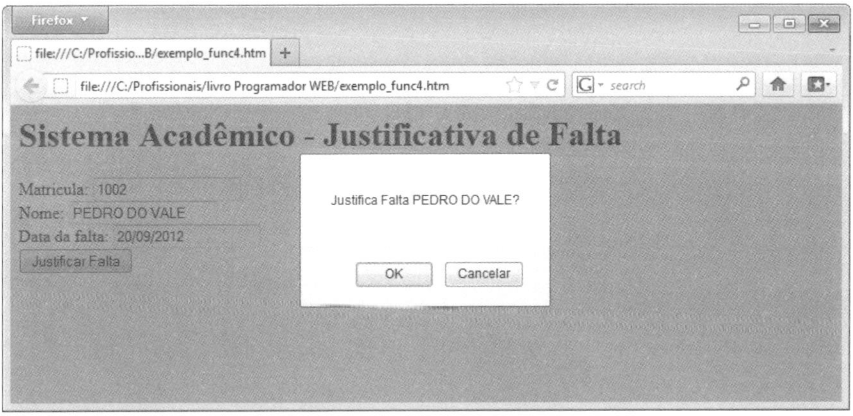

Figura 26

Podemos avaliar o retorno usando um comando condicional e decidir o que fazer. No nosso caso, o retorno foi armazenado em uma variável de memória (`jf`). Testamos o conteúdo desta com um comando `if` e, caso o retorno seja `true`, executamos a função `prompt()`. Essa função exibe uma mensagem e uma caixa de texto para que seja digitado um valor. Este é retornado e pode ser armazenado em uma variável (figura 27).

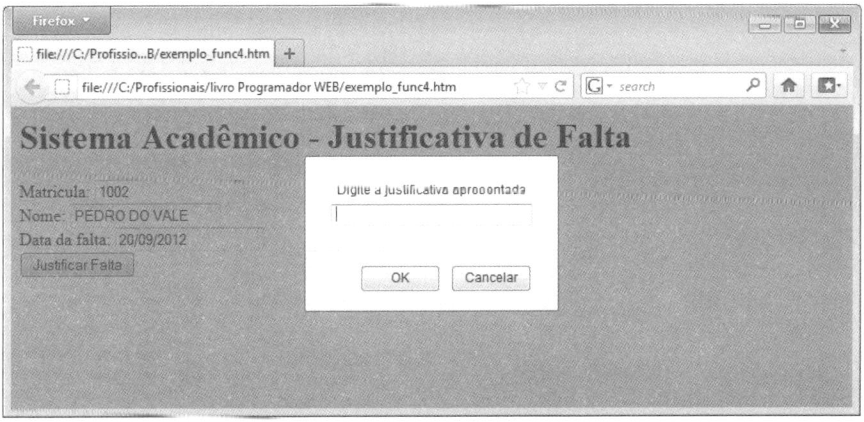

Figura 27

Caso contrário, usamos a função `alert()` para exibir a mensagem `"Falta não justificada"` (figura 28).

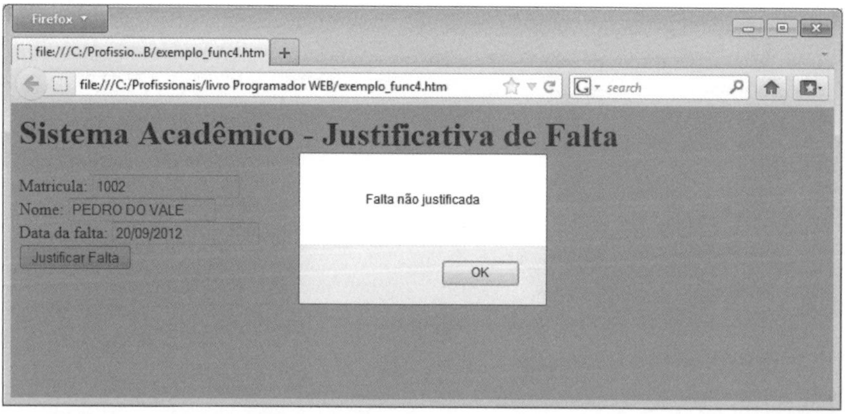

Figura 28

Comando condicional

No primeiro quadro da página 46, usamos um comando (`if`) que estabelecia uma condição de teste. O valor de uma variável era comparado com outro valor e, de acordo com o resultado dessa comparação, um pedaço do código era executado ou não.

O comando `if` tem a seguinte sintaxe:

```
if (condição)
   {
   código1
   }
  else
   {
   código2
   }
```

Podemos entender essa sintaxe da seguinte forma: se a condição for atendida, ou seja, resultar verdadeira (`true`), então o `código1` será executado; caso contrário, se resultar falsa (`false`), o `código2` será executado.

No quadro a seguir, vemos um exemplo de aplicação do comando condicional. A condição é estabelecida na expressão relacional: `faltas>15`. Nesse caso, o valor da variável `faltas` é comparado, com o operador relacional maior que `(>)`, ao número inteiro 15. Se o valor armazenado em faltas for maior que 15, o resultado da expressão será verdadeira e o código `alert("Problemas com Assiduidade")` será executado. Caso contrário, se a expressão resultar falsa, então o código `alert("Aluno Assíduo")` é que será executado.

```
if (faltas>15)
{
  alert("Problemas com Assiduidade");
}
else
{
  alert("Aluno Assíduo");
}
```

Para melhor entendermos o comando condicional basta pensar que ele funciona como se estivéssemos fazendo uma pergunta. O número de faltas do aluno é maior que 15? Se a resposta for sim, será executado o `código1`. Se a resposta for não, então será executado o `código2`.

Como vimos no exemplo, são usados operadores relacionais nas expressões relacionais de comparação. Na tabela a seguir, listamos os operadores relacionais e seu significado.

Operador	**Significado**
==	Igual
===	Exatamente igual (valor e tipo do dado)
!=	Diferente
!==	Diferente no valor e no tipo de dado
>	Maior que
<	Menor que
>=	Maior ou igual
<=	Menor ou igual

Além dos operadores relacionais, usam-se também os operadores lógicos para estabelecer mais de uma comparação na mesma condição.

No quadro abaixo, temos um exemplo de uso do operador lógico OU (`||`). Nele, a condição é número de faltas maior que 15 ou média menor que 7. Se qualquer uma das duas comparações resultar verdadeira, então a condição se torna verdadeira.

```
if (faltas>15 || media<7)
{
  alert("Aluno em Recuperacao");
}
```

Na tabela a seguir, listamos todos os operadores lógicos com seu respectivo significado.

Operador	Significado
&&	E
||	OU
!	NÃO

Variáveis de memória

Variáveis são depósitos localizados na memória do computador, as quais são usadas para armazenar dados durante a execução dos nossos scripts. Elas precisam ser declaradas e nomeadas. Esse processo é feito de uma só vez com o comando `var`, como já vimos anteriormente. Na criação do nome, precisamos obedecer a duas regras básicas:

- Nomes de variáveis distinguem letras maiúsculas de minúsculas, logo uma variável chamada `Mx` é diferente de outra com o nome `mx`.
- Nomes de variáveis obrigatoriamente têm de iniciar com uma letra, ou com o símbolo `$`, ou com o traço sublinhado `( _ )`.

A seguir, alguns exemplos de declarações de variáveis com nomes segundo as regras básicas.

```
var x;
var nome_aluno;
var $pontos;
var _endereco;
var endereco1, endereco2;
```

Podemos também, de uma só vez, declarar e atribuir um valor inicial a uma variável.

```
var salario_base = 650;
var _taxa = 0.25, _desc = 0.05;
var placa = "XYZ-9999";
```

Os tipos de dados que podemos atribuir a uma variável estão listados na seguinte tabela:

Tipo	Valores
String (texto)	Valores textuais como nome de pessoas, placas de carro, códigos alfanuméricos etc.
Número	Números inteiros ou reais
Lógico (booleano)	Assume somente dois valores: true e false

Operações aritméticas

Operações aritméticas não são o forte em JavaScript, porém em alguns casos teremos que executar algumas operações básicas.

Na tabela a seguir, listamos os operadores aritméticos disponíveis.

Operador	Significado
+	Soma
-	Subtração
*	Multiplicação
/	Divisão
%	Resto da divisão
++	Incremento
--	Decremento

Na tabela a seguir, vemos o resultado da aplicação desses operadores.

Operador	Valor de x	Operação	Resultado (valor de y)
Soma	7	y = x + 8	15
Subtração	7	y = x - 3	4
Multiplicação	7	y = x * 3	21
Divisão	7	y = x / 2	3.5
Resto da divisão	7	y = x % 2	1
Incremento	7	y = ++x	8 (x passa a ser 8 também)
Decremento	7	y = --x	6 (x passa a ser 6 também)

Também usamos os operadores de incremento e decremento conforme o quadro abaixo.

```
var x=5, y=8;

x++;
y--;
```

Nesse caso, após as operações, o valor de `x` será 6 e o de `y` será 7. Esse código poderia ser escrito também da seguinte forma com o mesmo resultado (quadro abaixo):

```
var x=5, y=8;

x = x + 1;
y = y - 1;
```

Validação de dados

Uma das principais aplicações do JavaScript é a validação de dados de formulários. Sem esse recurso, teríamos que fazer a validação dos dados no servidor web, tornando o processo mais lento. Usando scripts, podemos validar os dados no computador cliente antes de enviá-los para processamento no servidor.

Dentre as funções típicas de validação, podemos destacar as seguintes:

- Impedir que dados de preenchimento obrigatório sejam enviados ao servidor com conteúdo em branco ou nulo.
- Verificar se o conteúdo digitado em um campo confere com o valor esperado para aquele tipo de dado.
- Verificar se o dado digitado está dentro de um intervalo de valores esperado.

Um bom método de fazer a validação é inserir a chamada de uma função no evento de submissão de um formulário (`ONSUBMIT`). No quadro a seguir, a função `testa_form()` é chamada ao clicarmos o botão de comando `submit`. Nela, validamos dois campos do formulário `formalunos: nome_aluno` e `matricula`. Basicamente verificamos se foi digitado algum conteúdo. Se não o foi, o conteúdo ou será nulo (`null`) ou vazio `("")`. Nesses casos, é exibida uma mensagem indicando que o campo precisa ser informado. Gravamos o documento com o nome **form_alunos.htm.**

```
<HTML>

<HEAD>

<SCRIPT>

function testa_form()
{

var n=document.forms["formalunos"]["nome_aluno"].
value;
var m=document.forms["formalunos"]["matricula"].
value;

if (m==null || m=="")
  {
  alert("Número de Matricula precisa ser
informado");
  return false;
  }

if (n==null || n=="")
  {
  alert("Nome de aluno precisa ser informado");
  return false;
  }
}

</SCRIPT>

</HEAD>

<BODY>

<H1>Sistema Acadêmico - Justificativa de Falta</H1>

<FORM NAME="formalunos" ACTION="" ONSUBMIT="return
testa_form()" METHOD="post">
  Matricula: <INPUT TYPE="text" NAME="matricula">
<BR>
  Nome: <INPUT TYPE="text" NAME="nome_aluno"> <BR>
  <INPUT TYPE="submit" VALUE="Submit">
</FORM>

</BODY>
</HTML>
```

Veja na figura 29 o que acontece quando submetemos o formulário sem o preenchimento do campo "Nome".

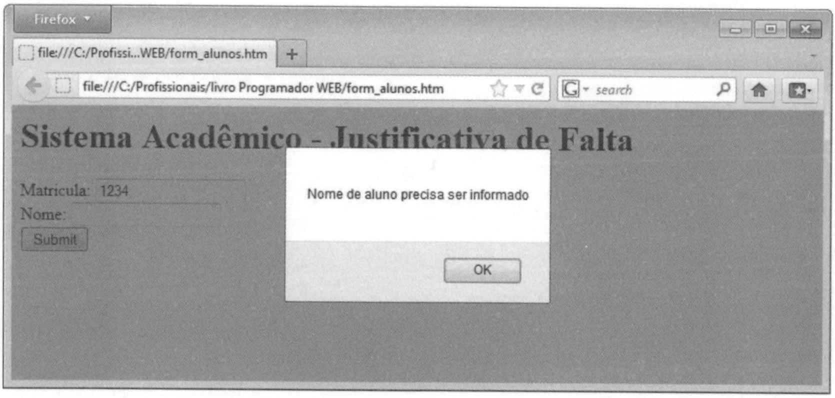

Figura 29

Outro exemplo comum de validação de dados acontece quando definimos que o campo tem de conter uma quantidade mínima de caracteres. Por exemplo, num campo de criação de senha queremos que o usuário digite, pelo menos, 6 caracteres.

No quadro abaixo, testamos o tamanho do campo senha, usando a propriedade `length`. Esta contém a quantidade de caracteres que um campo possui, incluindo espaços em branco. Neste exemplo, se o tamanho for menor que 6, surge uma mensagem alertando o usuário.

```
if (document.forms["formsenha"]["senha"].value.
length < 6)
   {
   alert("Senha muito pequena. Digite pelo menos 6
caracteres.");
   return false;
   }
```

Além de testar o tamanho da senha, podemos compará-la com uma senha de confirmação. As duas precisam ser iguais para que a nova senha seja criada.

No quadro a seguir, temos o documento completo com os dois testes sendo executados pela função `testa_senha()`.

```
<HTML>

<HEAD>

<SCRIPT>

function testa_senha()
{

var p1=document.forms["formsenha"]["senha"].value;
var p2=document.forms["formsenha"]["senha_conf"].
value;

if (document.forms["formsenha"]["senha"].value.
length < 6)
  {
  alert("Senha muito pequena. Digite pelo menos 6
caracteres.");
  return false;
  }

if (p1 != p2)
  {
  alert("Senhas diferentes. Tente de novo.");
  return false;
  }
}

</SCRIPT>

</HEAD>

<BODY>

<H1>Sistema Acadêmico - Criar Senha</H1>

<FORM NAME="formsenha" ACTION="" ONSUBMIT="return
testa_senha()" METHOD="post">
  Senha: <INPUT TYPE="password" NAME="senha"> <BR>
  Confirmar senha: <INPUT TYPE="password"
NAME="senha_conf"> <BR><BR>
  <INPUT TYPE="submit" VALUE="Submit">
</FORM>

</BODY>
</HTML>
```

Veja nas figuras 30 e 31 os resultados da execução da função quando a senha é pequena e quando a senha de confirmação não confere, respectivamente.

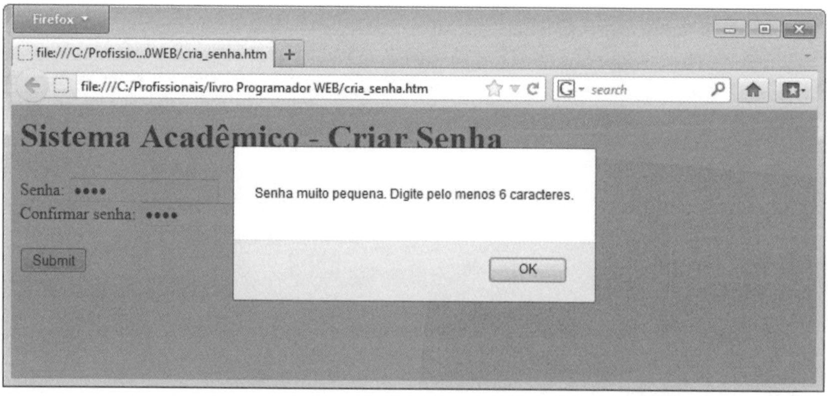

Figura 30

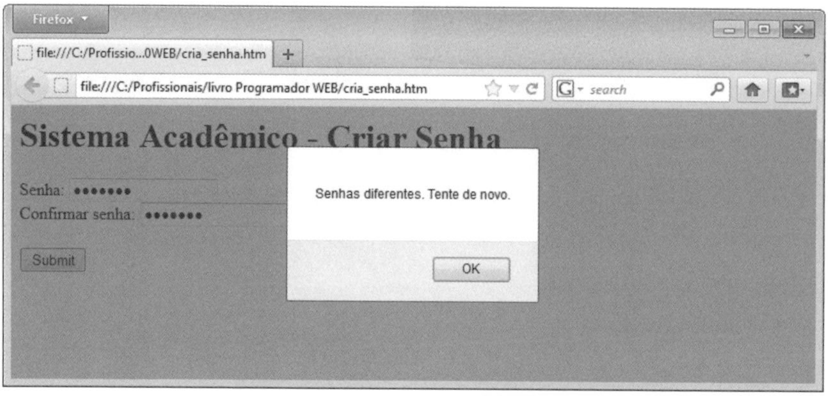

Figura 31

Outra validação muito comum é verificar se a arroba (`@`) foi digitada em um endereço de e-mail. Nesse caso, usamos o método `indexOf`, que tem como argumento um caractere e que retorna à posição deste dentro da variável. Se o caractere não for localizado, o valor de retorno é `-1`.

Na linha de comando do quadro abaixo, usamos esse método para localizar a posição da arroba na variável tipo *string* `e`. No caso de a variável conter a *string* "ivanmax@ufrn.br", `indexOf` retornará o número 8, indicando que o caractere arroba está na oitava posição.

```
var arrobapos=e.indexOf("@");
```

No quadro abaixo, listamos o código completo gravado no arquivo **informa_email.htm.** Na função `testa_email()`, comparamos o valor retornado por `indexOf`; se ele for menor que 1, indica que não existe o caractere arroba no campo.

```
<HTML>

<HEAD>

<SCRIPT>

function testa_email()
{

var e=document.forms["formemail"]["email"].value;
var arrobapos=e.indexOf("@");

if (arrobapos<1)
  {
  alert("Endereco invalido.");
  return false;
  }
}

</SCRIPT>

</HEAD>

<BODY>

<H1>Sistema Acadêmico - Criar Senha</H1>

<FORM NAME="formemail" ACTION="" ONSUBMIT="return
testa_email()" METHOD="post">
  E-mail: <INPUT TYPE="text" NAME="email"> <BR><BR>
  <INPUT TYPE="submit" VALUE="Submit">
</FORM>

</BODY>
</HTML>
```

<<<>4<<

PHP

Nos capítulos anteriores, aprendemos que o HTML é uma linguagem de marcação utilizada na criação de páginas estáticas para a web. O CSS complementa essa página web adicionando estilo e deixando a página mais agradável de ser vista. Se estivermos apenas interessados em expor conteúdos na web, HTML e CSS são uma dupla perfeita para o trabalho.

Vimos também que o JavaScript permite-nos colocar mais ação nas páginas feitas com HTML e CSS. Ele dá acesso a elementos de um formulário localmente, proporciona interatividade por meio da captura de eventos, por exemplo, com um clique no mouse ou por uma tecla pressionada, e executa ações especificadas pelo programador.

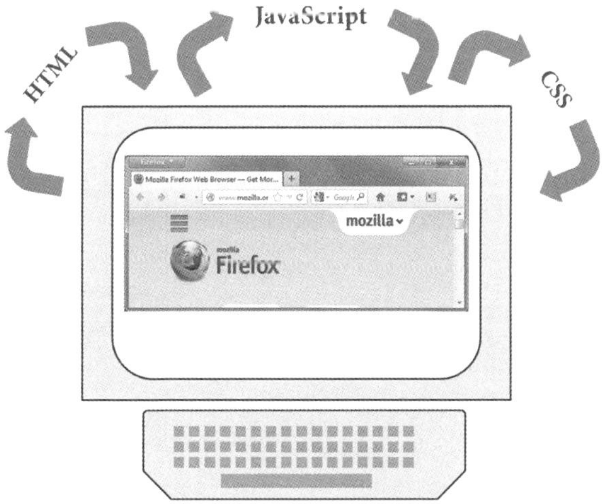

Figura 32 – Interação local (cliente)

Entretanto, isso não basta para que possamos criar sistemas robustos e úteis comercialmente. Alguns sistemas necessitam de que as informações sejam guardadas em bancos de dados e, posteriormente, resgatadas e processadas. Nesse caso específico, apesar de útil, como já vimos, o JavaScript roda do lado do cliente e não nos permite acessar um servidor de bancos de dados. Precisamos de outra linguagem de programação que permita comunicação com o banco de dados e seja também capaz de gerar páginas HTML de forma dinâmica. Por esses motivos, estudaremos agora a linguagem PHP.

O PHP é uma linguagem de script para web. Ele é empregado no desenvolvimento de conteúdos web, em que criamos páginas dinâmicas e automáticas. Seu nome originalmente significou Personal Home Pages, e hoje essa linguagem é conhecida por PHP: Hypertext Processor.

Para que uma página web se transforme em uma aplicação dinâmica, é preciso delegar mais uma tarefa ao servidor web. Até aqui aprendemos que o servidor web apenas se limitava a entregar as páginas HTML solicitadas pelos usuários. Agora, os scripts que escreveremos em PHP vão permitir a manipulação de conteúdos das páginas web no lado do servidor web, ou seja, poderemos alterar ou criar páginas novas para os usuários via programação.

A figura 33 descreve os passos de interação do navegador com o servidor web.

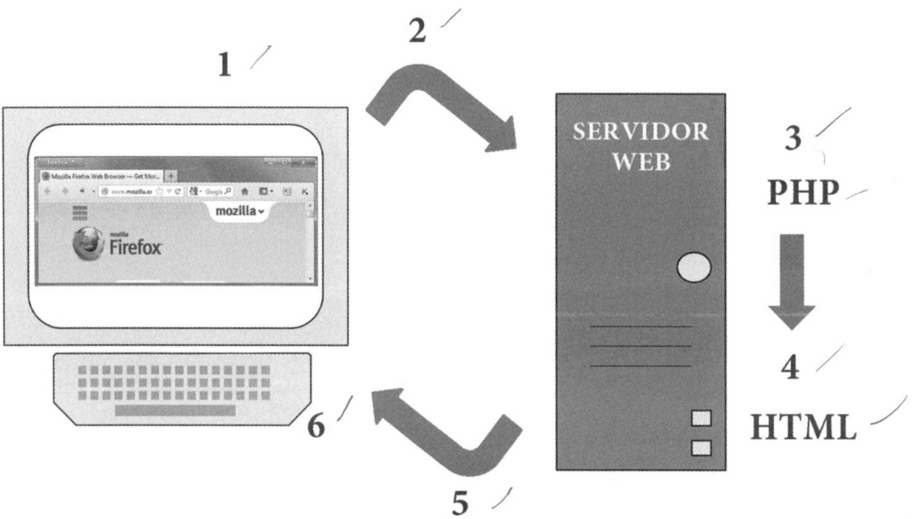

Figura 33

Acompanhe os passos ilustrados na figura 33:

(1) O usuário requisita uma URL.

(2) A requisição é enviada ao servidor web.

(3) O servidor web detecta o que é código PHP e invoca o interpretador da linguagem PHP.

(4) O interpretador do PHP executa o código, gerando como resultado uma página HTML.

(5) O servidor web envia a página HTML resultante como resposta ao cliente.

(6) O navegador lê a página HTML resultante da requisição e a mostra ao usuário.

Configuração do ambiente

As aplicações PHP foram criadas para serem executadas nos servidores web e acessadas via internet pelos usuários. Mas, antes de as aplicações entrarem em ação na internet, os códigos precisam ser desenvolvidos passo a passo e testados. É dispendioso desenvolver o código PHP diretamente em um servidor web remoto. Gastamos tempo enviando e atualizando os códigos toda vez que alguma alteração for realizada.

Por isso, vamos configurar o ambiente de desenvolvimento em nossa máquina local. Apenas depois da aplicação finalizada e testada é que vamos migrar os códigos para o servidor web remoto. Assim, precisaremos de três tipos de software em nossa máquina para desenvolver e testar as aplicações:

1 - **Servidor web**: programa encarregado de aceitar requisições HTTP (protocolo de comunicação na internet) de clientes, geralmente os navegadores, e atendê-los com respostas HTTP.

2 - **PHP**: pode ser entendido como uma coletânea de regras que habilita o servidor web a entender e executar os códigos escritos na linguagem PHP.

3 - **Banco de dados**: consiste em uma coletânea de dados estruturados em um local na memória do computador. Os dados são armazenados de forma organizada, possibilitando que as informações sejam acessadas posteriormente.

Vamos usar os seguintes programas:

1. Servidor web: Apache.
2. PHP 5.
3. Banco de dados: MySQL

O pacote de ferramentas WampServer contém todos esses programas. Ele pode ser baixado gratuitamente em: http://www.wampserver.com/en/. A versão usada neste livro é WampServer 32 bits & PHP versão 5.4. Esse pacote inclui:

- Apache versão 2.2.22 – Servidor web.
- MySQL versão 5.5.24 – Banco de dados.
- PHP versão 5.4.3 – Habilita o servidor web a executar códigos PHP.
- XDebug versão 2.1.2 – Ferramenta de debug e rastreamento de erros no código PHP.
- PhpMyAdmin versão 3.4.10.1 – Programa para administração do banco de dados MySQL.

Instalação do WampServer

Para instalar o WampServer, acessamos http://www.wampserver.com/en/ e baixamos a versão compatível com nosso computador. Aqui, mostramos as telas de instalação da versão 5.4. Após baixar o arquivo executável, clicamos duas vezes sobre ele. Aparecerá na tela um aviso de segurança do Windows. Permitimos a instalação clicando no botão "Executar".

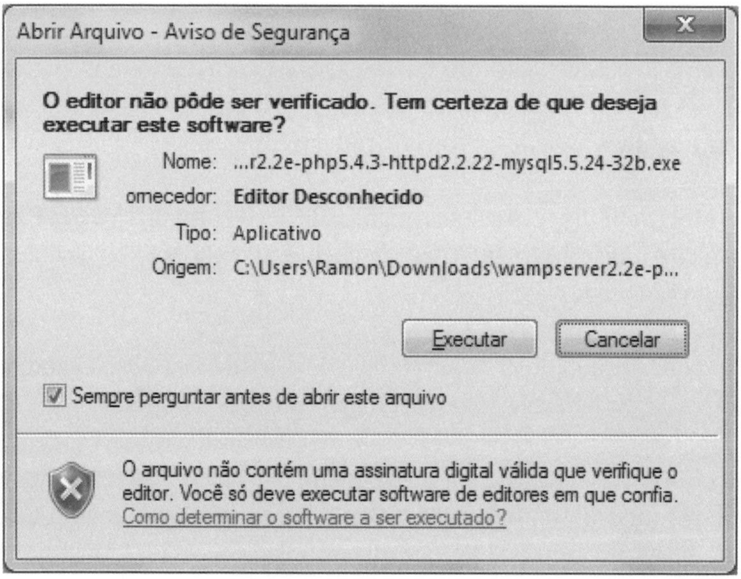

Figura 34

Em seguida, aparecerá uma tela de boas-vindas do WampServer2. Ela descreve o pacote de ferramentas que serão instalados. Para continuar a instalação, clicamos no botão "Next".

Figura 35

A próxima tela mostra o termo de licença de uso do WampServer2. Ele usa a licença GNU General Public License, que permite que o programa seja usado, adaptado, estudado, redistribuído e aperfeiçoado gratuitamente, desde que seja mantida a licença GNU GPL. Selecionamos "I accept the agreement", informando que concordamos com a licença, e depois clicamos em "Next".

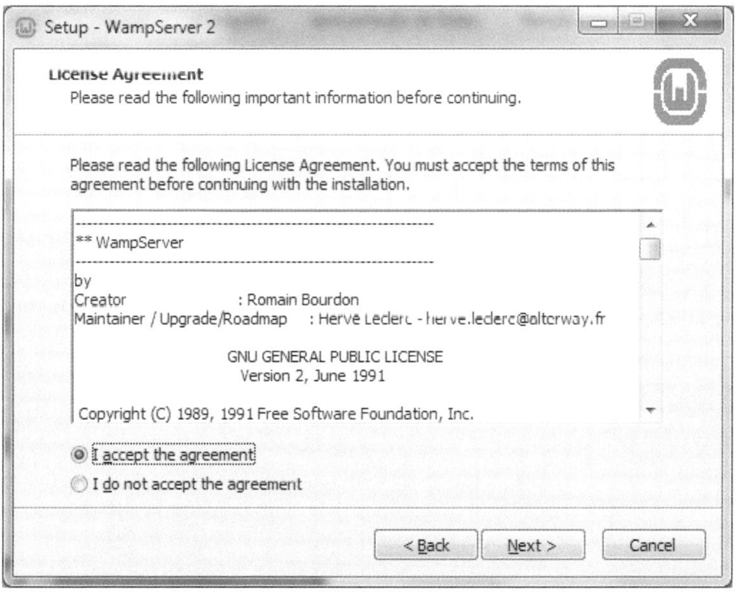

Figura 36

Na tela seguinte será exibido o local em que o WampServer será instalado. Por padrão, selecionamos o "C:" . Depois, clicamos em "Next".

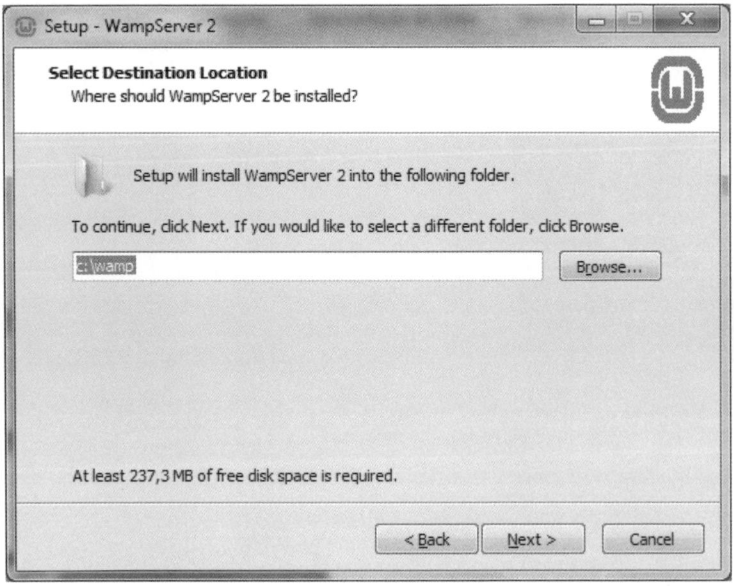

Figura 37

Devemos selecionar se gostaríamos de criar um ícone na barra de iniciação rápida do Windows ("Create a Quick Launch icon") e um ícone no desktop ("Create a Desktop icon"). Na figura 38, selecionamos a segunda opção.

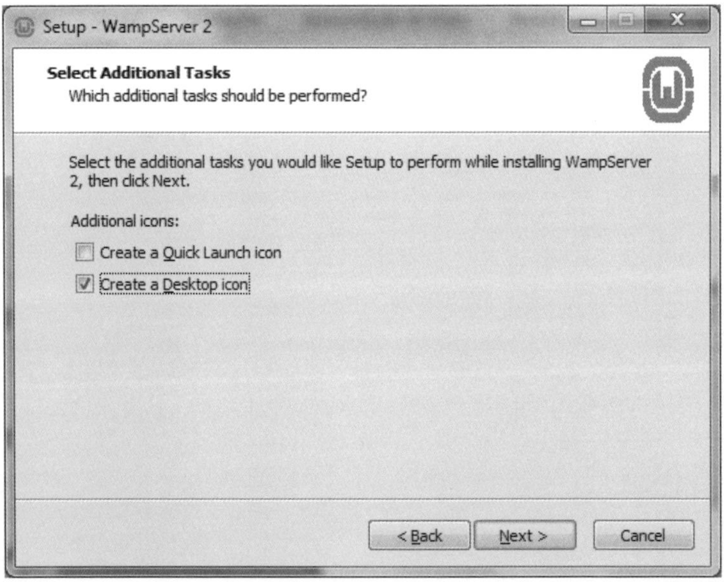

Figura 38

Após essas configurações, a tela seguinte mostra que o programa está pronto para ser instalado. Devemos clicar em "Install".

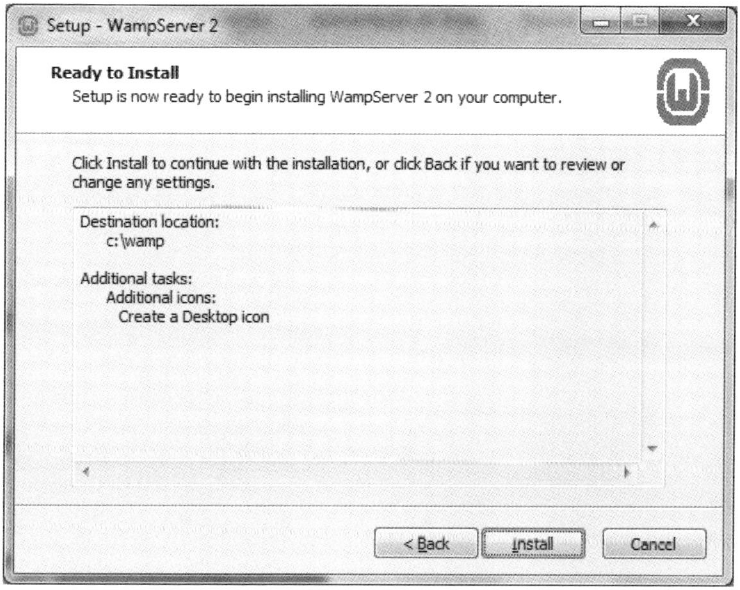

Figura 39

Agora o WampServer está sendo instalado. É necessário esperar alguns minutos. A barra de status indica o andamento da instalação, como mostra a figura 40.

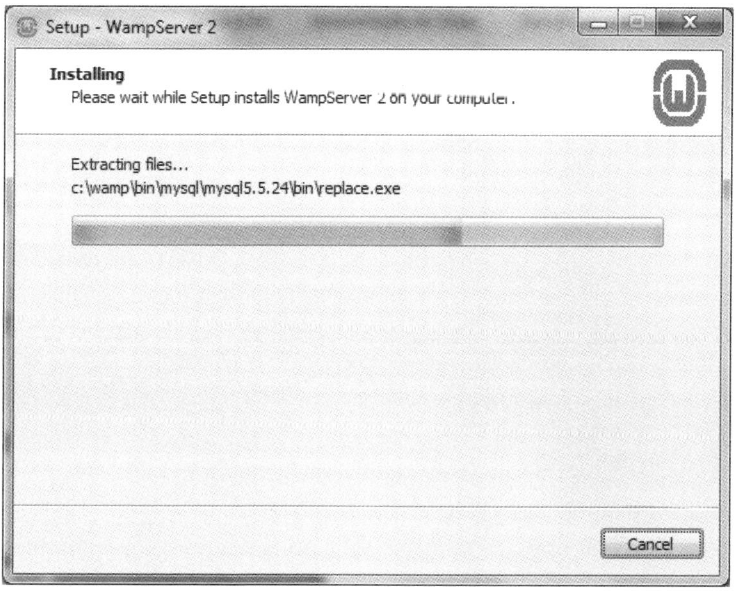

Figura 40

O WampServer detecta que, em nosso computador, já está instalado o navegador Mozzilla Firefox. Então ele pergunta se o Firefox pode ser usado como navegador-padrão para o WampServer. Basta clicar em “Sim” para aceitar.

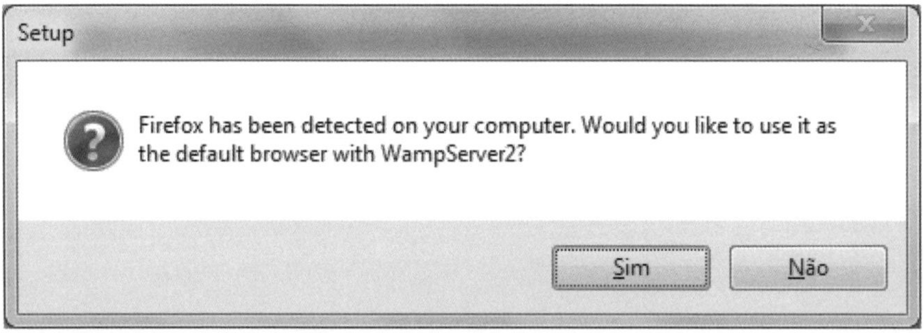

Figura 41

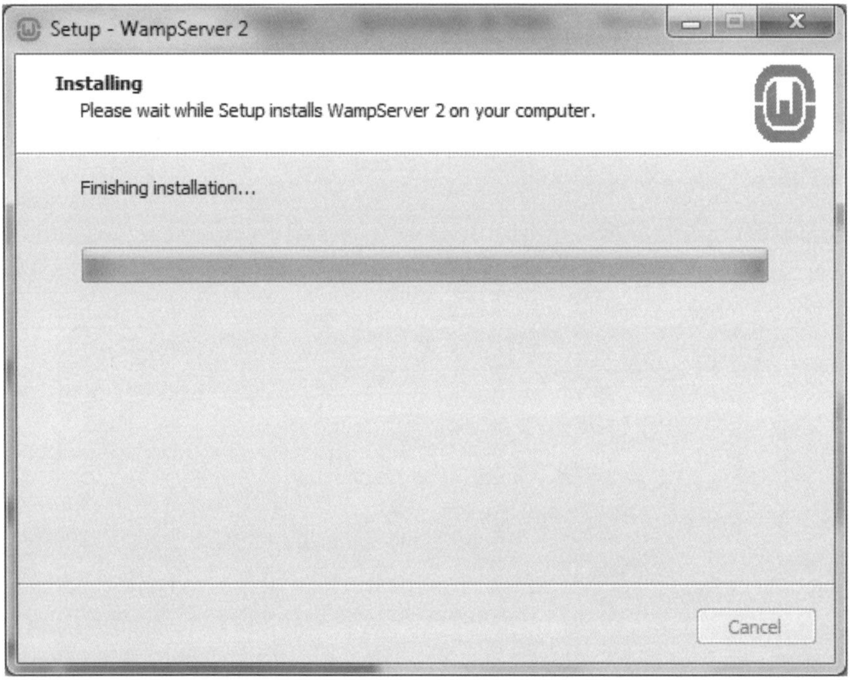

Figura 42

Depois a instalação será finalizada, como mostra a figura 42.
Em seguida, uma nova tela aparecerá pedindo configurações do PHP. Podemos deixar com as configurações-padrões. Clicamos em “Next” para continuar.

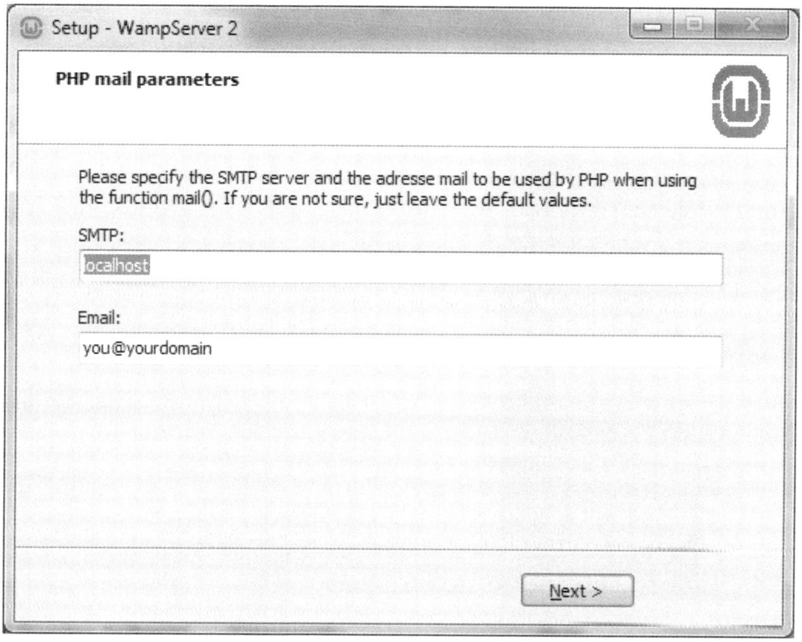

Figura 43

Por último, vemos a tela de conclusão da instalação. Basta clicar em "Finish".

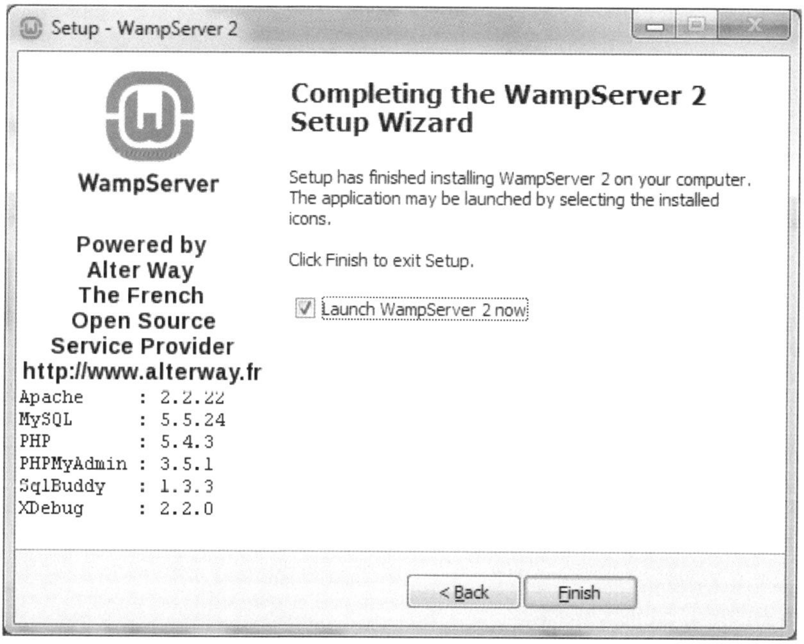

Figura 44

Terminada a instalação do WampServer, é preciso instalar mais um programa: o Microsoft Visual C++. Baixamos o instalador em http://www.microsoft.com/download/en/details.aspx?id=8328. Clicamos duas vezes no ícone baixado para iniciar o processo de instalação.

A primeira tela será a de boas-vindas do Microsoft Visual C++, como mostra a figura 45. Ela exibe o termo de licença de uso. Após fazer a leitura da licença, selecionamos "I have read and accept the license terms" e depois clicamos em "Install".

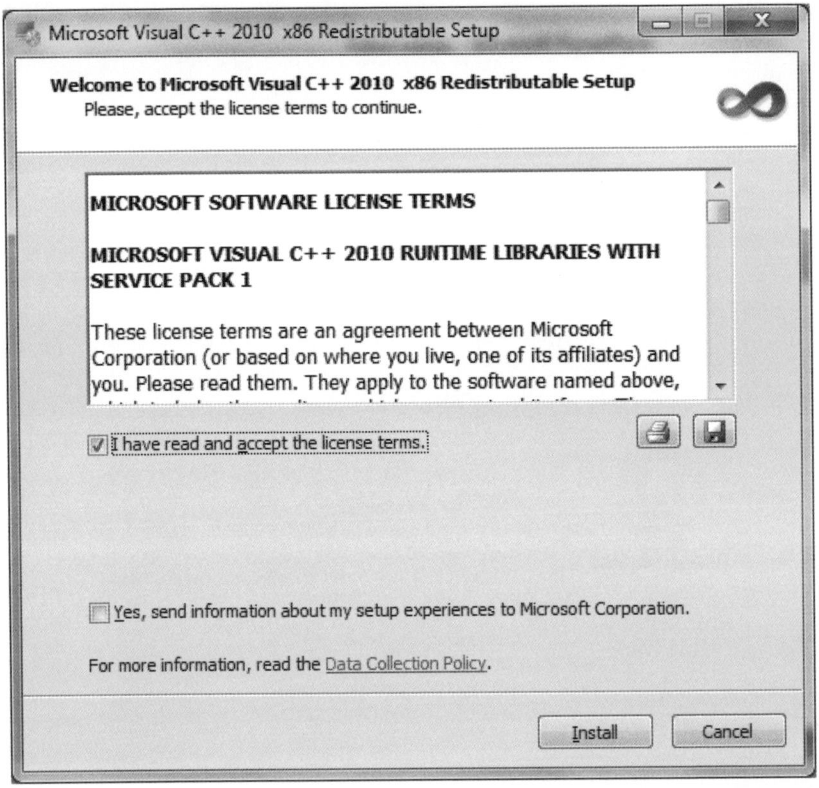

Figura 45

Em seguida, a tela de progresso da instalação mostra as barras de status do processo conforme a figura 46.

Finalmente, surge a tela da instalação completa. Basta clicar em "finish" para finalizar (figura 47).

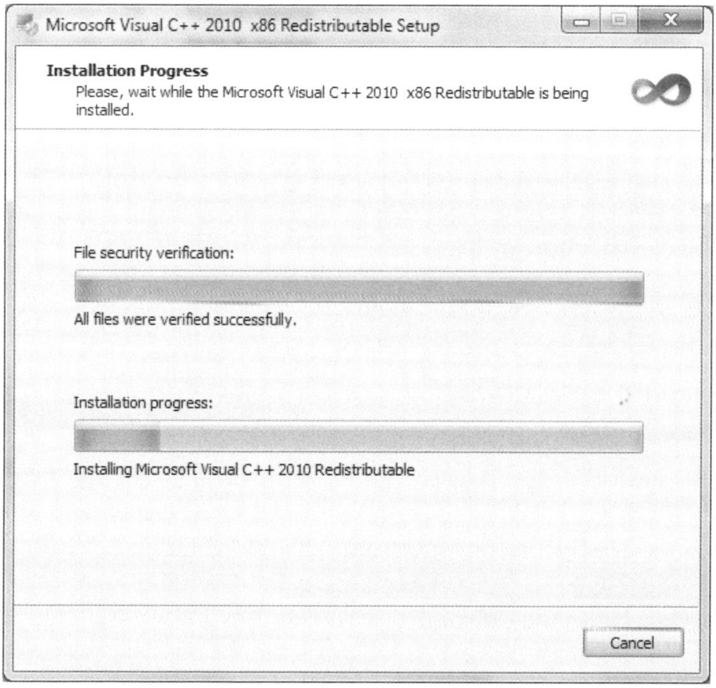

Figura 46

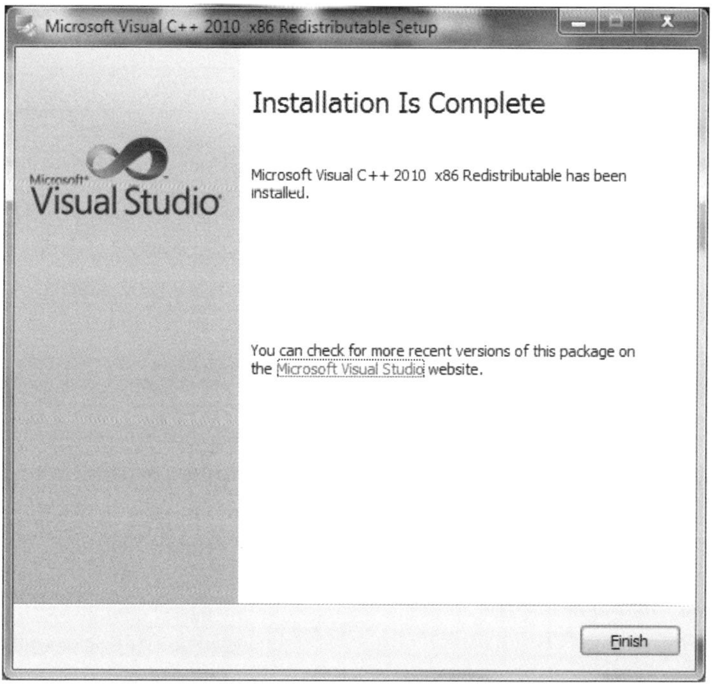

Figura 47

Execução do WampServer

Após esses passos, será criado automaticamente um diretório www em c:\wamp\www, como mostra a figura 48. No diretório www, vamos colocar nossos códigos PHP.

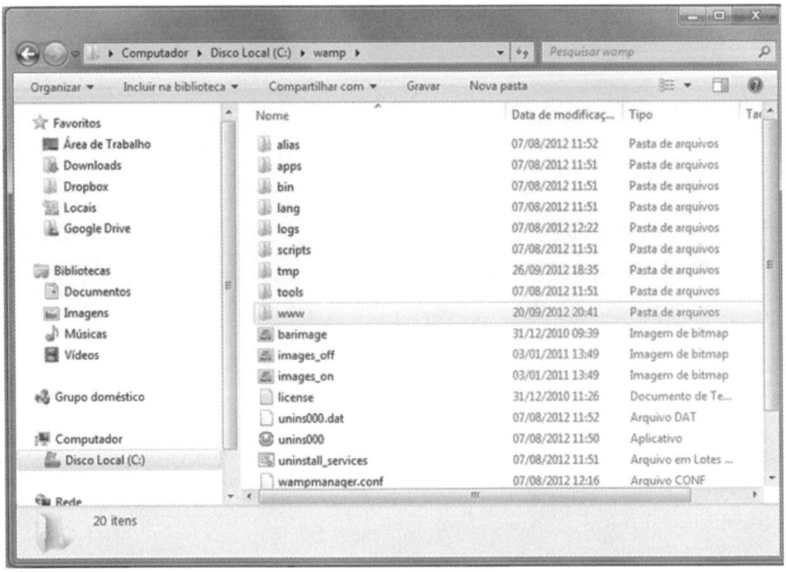

Figura 48

Para verificar se a instalação foi bem-sucedida, executamos o WampServer clicando duas vezes no ícone criado no desktop. Ao lado do relógio do Windows, vemos o ícone do WampServer passando da cor vermelha (desativado) para a cor verde (ativado). Clicando com o botão direito do mouse em cima do ícone, veremos o menu da figura 49.

Abrimos o navegador Firefox e digitamos "http://localhost" na barra de endereço. Visualizaremos, então, a tela da figura 50.

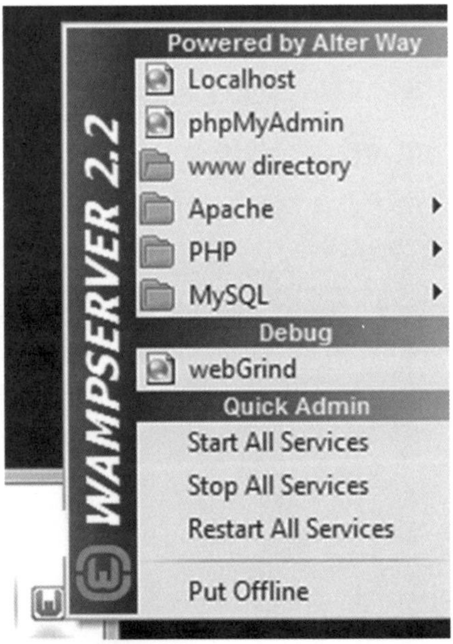

Figura 49

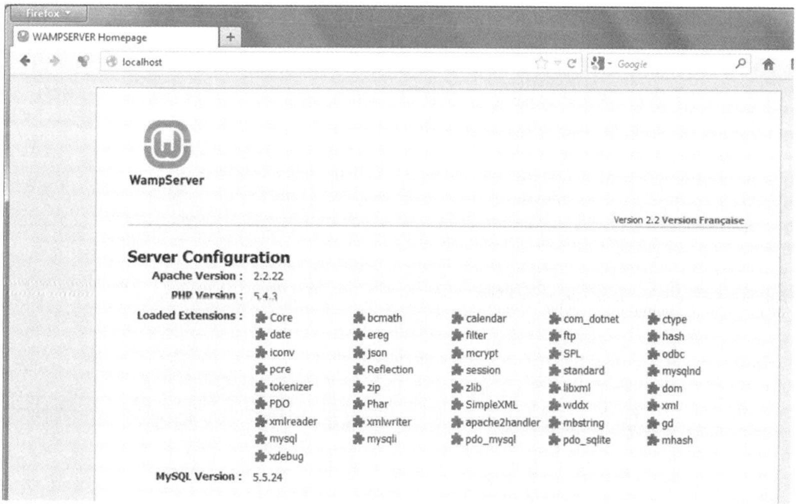

Figura 50

Primeiro exemplo de código PHP

Vamos começar com nosso primeiro código em PHP. Observe que existem tags HTML que já conhecemos.

```
<html>
<head>
</head>
<body>
<?php
echo 'Sistema acadêmico';
?>
</body>
</html>
```

O código do quadro acima produz a tela do navegador mostrada na figura 51.

Figura 51

Introdução do PHP no HTML

Vamos examinar as linhas do código constante no quadro anterior. Utilizamos as tags-padrões do HTML e, embutido, o código PHP dentro do <body> </body>, conforme o quadro a seguir:

```
<html>
<head>
</head>          } Código HTML
<body>

<?php
echo 'Sistema acadêmico';          } Código PHP
?>
</body>
</html>          } Código HTML
```

O código PHP deve ficar totalmente contido entre as marcações:

```
<?php
?>
```

As marcações menor que <? e maior que ?> lembram as tags do HTML. Elas indicam que o código escrito nesse espaço corresponde ao PHP que será processado no servidor. Assim, qualquer código escrito entre essas marcações será PHP. E qualquer código escrito fora delas será visto como código HTML.

Atenção!

O código PHP é escrito no corpo do código HTML. Desse ponto em diante, vamos omitir o código HTML e exibir apenas o código PHP.

A linha `echo "Sistema acadêmico";` é o primeiro código PHP. Aqui, usamos uma instrução: `echo`. As instruções são palavras reservadas pela linguagem de programação, usadas para indicar ao interpretador PHP o que ele precisa fazer, ou seja, qual instrução ele deve seguir. A instrução `echo` faz com que o navegador exiba o conteúdo escrito entre aspas.

Por último, vemos que existe um ponto e vírgula no fim da linha `echo "Sistema acadêmico";` . Essa notação é obrigatória no fim de cada linha de instrução do código PHP. O uso do ponto e vírgula significa o término de uma instrução no PHP.

Atenção!

O código PHP é processado no servidor web. Ele gera um código HTML que será lido pelo navegador.

Comentários

Comentários em códigos, de maneira geral, são utilizados para registrar informações a respeito do desenvolvimento do código. Comentários não são processados e nem exibidos aos usuários. Ele fica disponível apenas para quem tiver acesso ao código fonte. Em PHP, existem duas formas de registrar comentários:

1- Comentário de uma linha
2- Comentário de várias linhas

Comentários de uma linha são marcados com // (barra barra). Veja um comentário de código de uma linha:

```
<?php

// Código desenvolvido por Ana Liz
echo 'Sistema acadêmico';

?>
```

Comentário de uma linha

Outra forma de se escrever comentário é utilizando várias linhas. Os comentários de várias linhas podem ser escritos usando-se o delimitador /* (barra asterisco), que marca o início do comentário, finalizando com */ (asterisco barra). Da mesma forma, tudo o que for escrito entre /* */ é ignorado pelo PHP.

```
<?php
/* Código desenvolvido por Ana Liz
Versão 0.1
Início do desenvolvimento
*/
echo 'Sistema acadêmico';

?>
```

Comentário de bloco

Concatenação do HTML no PHP

Podemos inserir formatação HTML como quebra de linha, no código PHP, usando concatenação.

```
<?php
echo 'Sistema acadêmico'.'<br>'; 'Seja bem-vindo.';

?>
```

Observe que 'Sistema acadêmico' está escrito entre aspas simples, seguido por. '<br/>'; também escrito entre aspas simples. O ponto-final tem a função de concatenar as duas *strings*. Assim, o conteúdo que vai ser produzido pelo PHP será o texto 'Sistema acadêmico' seguido da tag <br /> que o navegador, executado do lado do cliente, automaticamente interpreta como código HTML e realiza a quebra de linha.

Continuando a execução da linha, após existe . 'Seja bem-vindo.' ;. Da mesma forma, a mensagem será impressa na tela como mostra a figura a seguir.

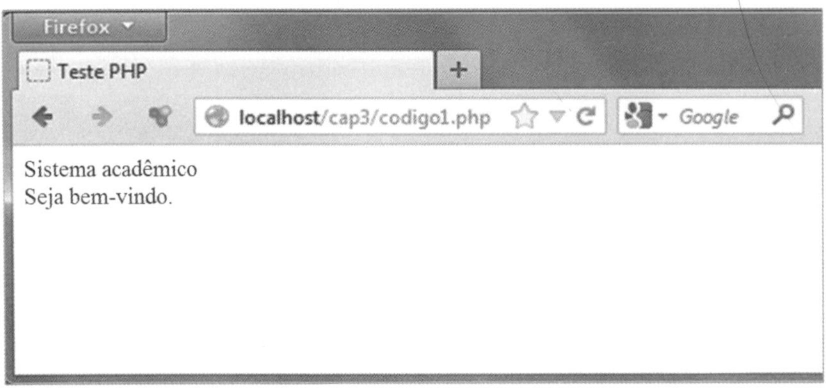

Figura 52

Variáveis

Variáveis podem ser entendidas como rótulos que apontam para um valor na memória do computador. Toda variável precisa de um nome único, chamado de identificador ou rótulo. Vamos aprender como criar variáveis e associar valores a elas.

Criação e associação de valores às variáveis

As variáveis em PHP têm uma notação própria e começam sempre com o símbolo do cifrão `$`. Por exemplo, o código do quadro abaixo associa o nome do aluno `"Alvaro Oliveira"` à variável `$aluno`. Observe que é o símbolo igual = que realiza a associação do valor à variável. Após essa associação, a variável `$aluno` passa a ter o valor `"Alvaro Oliveira"`.

```
<?php
$aluno = "Alvaro Oliveira";
$curso = "Informatica";
?>
```

Esse código também mostra a variável `$curso` sendo associada ao valor "Informatica".

Outro caso ocorre quando o valor de uma variável é associado a outra variável:

```
<?php
$aluno = "Alvaro Oliveira";
$nome = $aluno;
?>
```

Nesse exemplo, a variável `$aluno` tem o valor `"Alvaro Oliveira"` associado a ela. Na linha `$nome = $aluno;`, a nova variável `$nome` também passa a ser associada a `"Alvaro Oliveira"`.

Impressão de variáveis

O conteúdo das variáveis pode ser impresso por meio do comando `echo`. Veja este exemplo:

```
<?php
    echo $aluno;
    echo $curso;
?>
```

Veja o resultado do código na figura 53.

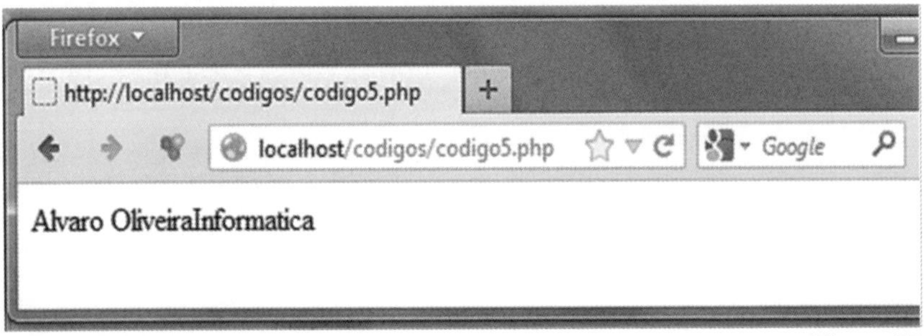

Figura 53

Observe que o nome “Oliveira” apareceu próximo (sem espaçamento) a “Informática”. Isso ocorreu porque as duas variáveis foram impressas sem formatação HTML. Podemos também imprimir HTML agrupado com código PHP. Veja a figura 54.

Figura 54

Para o valor das variáveis ser exibido no navegador de forma organizada, como visto na figura anterior, foi necessário alterar o código PHP. Veja no quadro a seguir o código completo da figura 54:

```
<?php
    $aluno = “Alvaro Oliveira”;
    $curso = “Informatica”;
    echo 'Nome: ' .$aluno. '<br />' .
    'Curso: ' .$curso. '<br />';
?>
```

No código, a associação de valores nas variáveis permanece inalterada. Já a impressão do valor das variáveis sofreu alteração. Na linha `echo 'Nome: ' .$aluno. '<br />'`, o comando `echo` imprime o conteúdo entre aspas `'Nome: '` junto ao valor da variável `$aluno` e junto a tag `<br>`, que produz uma quebra de linha. Observe que o ponto-final antes e depois da variável `.$aluno.` faz a concatenação, ou seja, agrupa `Nome:` + conteúdo da variável `$aluno + <br>`.

Orientações sobre variáveis

As variáveis em PHP, para serem válidas, precisam seguir algumas regras obrigatórias. Veja a seguinte lista:

1 - A variável deve começar com o símbolo cifrão `$`.
2 - Ela deve ser seguida por letras, números ou underscore _ .
3 - Deve ter, no mínimo, um caractere após o cifrão `$`, e esse caractere deve ser uma letra ou underscore _ (não pode ser um número).
4 - Não é permitido o uso de espaços no nome das variáveis, nem caracteres especiais, com exceção do `$` (no início) e do underscore _ .

Atenção!

Exemplos de variáveis válidas: `$_nome; $nome; $nome2; $nome_completo;`
Exemplos de variáveis inválidas: `$2014; $1nome; $2_nome;`

Há duas orientações que seguimos quando estamos escrevendo nossos códigos PHP. Observá-las ajuda a manter o código uniforme e padronizado. Entretanto, não segui-las não causa erros de programação. De toda forma, é aconselhável seguir, pois deixam nossos códigos padronizados e facilita o estudo e o reúso dos códigos posteriormente. Vejamos as duas orientações:

1 - É aconselhável usar letras **minúsculas** no nome das variáveis.
2 - É aconselhável usar **underscore** para separar o nome de variáveis com mais de uma palavra.

Exemplos: `$primeiro_nome; $segundo_nome;`

Atenção!

As variáveis são *case-sensitive*, ou seja, há diferença entre escrever variáveis com letras maiúsculas e minúsculas.

Por exemplo, a variável `$nome` é diferente da variável `$Nome`, que, por sua vez, também é diferente da variável `$NOME`. Embora em português tenham o mesmo significado, `$nome`, `$Nome` e `$NOME` são três variáveis distintas. Nesse caso, é obrigatório escrever os nomes das variáveis sempre a mesma maneira.

Tipos de variáveis

Algumas linguagens de programação diferenciam os tipos de dados que as variáveis armazenam. Por exemplo, uma variável que armazene um texto (tipo *string*) não pode, posteriormente, armazenar um número (tipo inteiro).

Esse conceito é conhecido como *tipagem estática*, ou seja, o tipo de valor que a variável armazena não pode ser mudado. Porém, em PHP não existe essa restrição: a mesma variável ora pode armazenar um número, ora pode armazenar um texto ou qualquer outro tipo. Por isso, PHP é conhecida como uma linguagem de *tipagem dinâmica*, uma vez que a variável é um rótulo para um valor, e o tipo desse valor pode ser mudado em algum momento.

Observe o código a seguir e os tipos de variáveis:

```
<?php
$total_alunos = 20;
echo 'Total de alunos:' .$total_alunos . '<br />';

$total_alunos = "vinte";
echo 'Total de alunos: ' .$total_alunos . '<br />';
?>
```

Na primeira parte, na variável `$total_alunos`, é associado o número 20. No PHP, essa variável armazena um *tipo inteiro*. Em seguida, usamos o comando `echo` para imprimir o conteúdo da variável. Na segunda parte, a mesma variável `$total_alunos` é associada ao valor `"vinte"`. Agora, essa variável armazena um *tipo string*. Em seguida, usamos o comando `echo` para imprimir o conteúdo da variável. Observe o resultado na figura 55: a mesma variável armazena tipos diferentes de dados em momentos distintos.

Figura 55

No próximo exemplo, vemos um código que mostra a nota de duas provas. O valor das notas é armazenado nas variáveis `$prova1` e `$prova2`.

```
<?php
$prova1 = 8.3;
$prova2 = 5.9;
?>
```

Observe que a nota de uma prova pode ser um número fracionário, ou seja, com casas decimais. Esse tipo de número, em PHP, é do tipo *float* e é representado com ponto-final entre a parte inteira do número e a parte fracionada.

Atenção!

Devemos usar ponto-final para representar números fracionados. Não podemos usar vírgula, pois causa erro de programação.

Existe um tipo de dado chamado de booleano. O tipo booleano é diferente dos demais tipos de variáveis que já conhecemos, porque ele só admite dois valores: verdadeiro ou falso. Para representá-los, usamos `TRUE` para atribuir valor verdadeiro e `FALSE` para atribuir valor falso.

No exemplo seguinte, vemos um código que mostra a representação desses dois valores (variáveis booleanas):

```
<?php
$tipo1 = TRUE;
echo 'Tipo verdadeiro:' .$tipo1. '<br />' ;

$tipo2 = FALSE;
echo 'Tipo falso:' .$tipo2. '<br />' ;
?>
```

Podemos ver o resultado desse código na figura 56.

Figura 56

Observe que na linha `$tipo1 = TRUE;` associamos o valor `TRUE` à variável `$tipo`. Quando usamos a instrução `echo` para impressão do valor da variável, é impresso o valor `1`. Isso acontece porque o valor `TRUE` é representado como `1` em PHP.

Já na linha `$tipo2 = FALSE;`, usamos a variável `$tipo2` e associamos o valor `FALSE`. Quando imprimimos o conteúdo de `$tipo2`, usando a instrução `echo`, não é mostrado nenhum valor. Entenderemos melhor a utilidade do tipo booleano quando estivermos trabalhando com estruturas de controle.

Existe ainda o tipo *array*, que consiste em uma lista com um conjunto de pares-*chave => valor*. Por exemplo, no código do quadro abaixo, usamos o *array* `$notas` com a nota de três provas. Cada prova possui sua nota, criando o par-*chave => valor*, ou seja, *prova => nota*.

```
<?php
$notas = array("prova1" => 8.3, "prova2" => 5.9,
"prova3" => 9.2);
?>
```

A forma de escrever um *array* é: escolhemos um nome (`$notas`), depois escrevemos = `array` (*chave => valor, chave => valor*). A quantidade de chaves e valores pode ser de um ou mais elementos.

O nome do *array* precisa seguir as mesmas regras de nomes de variáveis. A chave do *array* pode ser um inteiro ou uma *string* (lembrando que *strings* são escritas entre aspas). O valor pode ser de qualquer tipo. Os pares *chave => valor* são separados por vírgula dentro do *array*.

Para imprimir o valor do *array*, escrevemos o nome do *array* e escolhemos a chave que indica o valor que desejamos imprimir. Por exemplo, se queremos imprimir apenas a nota da primeira prova, escrevemos:

```
echo $notas["prova1"];
```

A *string* `"prova1"` representa a chave (no caso, a primeira chave) e seleciona qual valor será impresso. O código a seguir imprime todas as notas das provas na ordem.

```
<?php
$notas = array("prova1" => 8.3, "prova2" => 5.9,
"prova3" => 9.2);
```

```
echo $notas["prova1"] . '<br />';
echo $notas["prova2"] . '<br />';
echo $notas["prova3"] . '<br />';
?>
```

Um *array* também pode ser representado por um conjunto de valores separados por vírgulas entre parênteses. A chave do *array*, neste caso, é representada por um índice, que indica a posição do elemento no conjunto de valores. O índice inicia a contagem em 0 (zero) e cresce uma unidade a cada posição. Observe o código a seguir:

```
<?php
 $grupo = array('Rodrigo', 'Alvaro', 'Kelly',
'Deyse');
 echo $grupo[3] . '<br>';
 echo $grupo[2] . '<br>';
 echo $grupo[1]. '<br>';
 echo $grupo[0]. '<br>';
?>
```

A variável `$grupo` vai ser associada ao *array* com o nome de quatro alunos (`'Rodrigo'`, `'Alvaro'`, `'Kelly'`, `'Deyse'`). Em seguida, escrevemos o comando `echo` para imprimir cada elemento do *array* passando os índices do 3 ao 0. Dessa forma, o nome do último componente do *array* será impresso primeiramente, depois o penúltimo, e assim sucessivamente até chegar ao primeiro. Assim, constatamos que podemos acessar qualquer posição do *array*, passando seu valor no índice.

Veja o resultado desse código no navegador na figura 57:

Figura 57

Processamento de dados de formulários

Os formulários permitem que o usuário insira informações nos campos indicados exibidos no navegador, como aprendemos no capítulo 1 "HTML". Agora, com o PHP, essas informações são enviadas ao servidor para serem processadas. Observe o código adiante, no quadro abaixo, que mostra um formulário criado para informar o nome do aluno e seu curso.

```
<html>
<head>
<title>Cadastro de Curso</title>
</head>
<body>
<h2>Cadastro de curso</h2>
<p>Prezado(a) aluno(a), preencha com seus dados: </p>
<form method="post" action="cadastrocurso.php">
<label for="aluno">Nome:</label>
<input type="text" id="aluno" name="aluno" /><br />
<label for="curso">Curso: </label>
<input type="text" id="curso" name="curso" /><br />
<input type="reset" value="Limpar" name="limpar" >
<input type="submit" value="Enviar" name="submit" />
</form>
</body>
</html>
```

Veja que o formulário só contém o código HTML. Podemos visualizar esse formulário de cadastro de curso do aluno na figura 58.

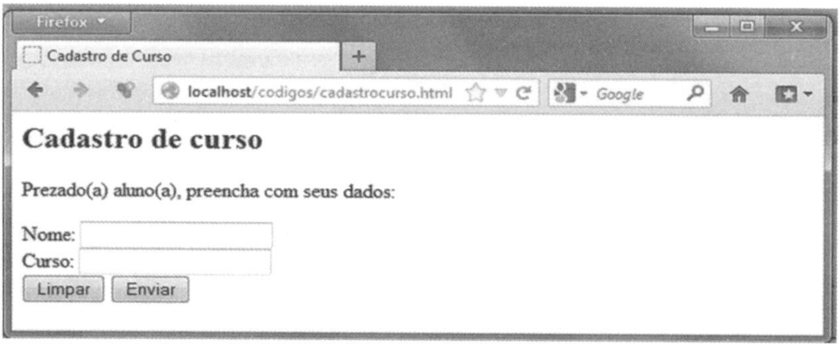

Figura 58

A linha a seguir traz informações essenciais desse código:

```
<form method="post" action="cadastrocurso.php">
```

A tag <form> marca o início do formulário. O atributo `method` informa o método de submissão do formulário, indicando o modo como os dados são fornecidos ao servidor PHP. No caso do código do exemplo, o método `post` é usado e os dados são enviados ao servidor.

O atributo `action` faz com que o script PHP rode no servidor. Assim, quando o botão de "Enviar" é clicado pelo usuário no formulário, o atributo `action="cadastrocurso.php"` faz executar o código `cadastrocurso.php` no servidor.

Leitura de dados de formulário

Vamos observar agora o código `cadastrocurso.php`, que é acionado quando se aperta o botão "Enviar" do formulário.

```
<html>
<head>
<title>Cadastro de curso</title>
</head>
<body>
<?php
$nome = $_POST['aluno'];
$curso = $_POST['curso'];

echo "Confira os seus dados<br />";
echo 'Nome: ' . $nome .'<br />';
echo 'Curso: ' .$curso .'<br />';
?>
</body>
</html>
```

Observe as tags do HTML e o código PHP demarcado com <?php ?>. A linha `$nome = $_POST['aluno'];` faz a associação do conteúdo de um campo do formulário com uma variável. No caso, a variável `$nome` é associada ao campo do formulário com o `name="aluno"`. Isso é feito através do uso do sinal de igual =, de forma similar à associação de valores com variáveis vista na seção "Variáveis" (p. 76). Assim, à esquerda da atribuição está a variável `$nome`, que vai ser associada ao valor de um campo do formulário. O valor do campo do formulário será definido à direita da atribuição, com a variável `$_POST`.

A variável `$_POST` é especial, interna do PHP, e armazena todos os dados de um formulário. No caso do formulário Cadastro de Curso, todos os dados enviados ao script `cadastrocurso.php` são armazenados temporariamente em `$_POST`. Para separar cada informação escrita no formulário, usamos o atributo `name` de cada tag `<input>` do formulário HTML para distinguir cada dado escrito. Dessa forma, o atributo `name` de cada `<input>` precisa obedecer a seguinte sintaxe: `$_POST`['name_do_input_do_formulário'].

Na linha `$curso = $_POST['curso'];` a variável `$curso` é associada ao curso digitado no formulário cujo `name="curso"`. Neste caso, há uma coincidência entre o nome de variável e o nome do campo do formulário, mas se trata de dois elementos distintos.

Impressão de conteúdo de variáveis

As linhas seguintes apresentam o código que mostra o conteúdo das variáveis ao navegador. Assim, podemos ver quais dados foram associados às variáveis:

```
echo 'Nome: ' . $nome .'<br />';
echo 'Curso: ' .$curso .'<br />';
```

Se no formulário Cadastro de Curso forem digitados o nome do aluno "Rodrigo" e o curso "Desenvolvimento Web", será visualizada no navegador uma tela semelhante à figura 59.

Figura 59

Operadores

Os operadores são símbolos predeterminados que manipulam valores e variáveis, ou seja, realizam algum tipo de operação sobre esses conteúdos.

Já vimos dois tipos de operadores: o operador de atribuição = (símbolo igual) e o operador de concatenação de *strings* . (ponto-final). Veremos a seguir os operadores aritméticos, de atribuição (pré e pós-incremento), de comparação e lógicos.

Operadores aritméticos

Os operadores aritméticos são aqueles que costumamos usar na matemática básica para realizar operações de adição, multiplicação, subtração e divisão.

O código adiante mostra um exemplo de adição. As adições são representadas pelo operador + (mais). Neste exemplo, somamos as notas da primeira e da segunda prova (representadas pelas variáveis `$prova1 e $prova2`, respectivamente). O resultado dessa soma será associado à variável `$parcial`.

```
<?php
$prova1 = 8.0;
$prova2 = 6.0;
$parcial = $prova1 + $prova2;

echo "Parcial das soma das provas: " . $parcial;
?>
```

No código seguinte, temos um exemplo de multiplicação. As multiplicações são representadas pelo operador *. Neste exemplo, a nota de uma atividade (representada pela variável `$atividade`) tem seu valor multiplicado pelo número 3. Esse resultado é associado à variável `$peso`. No quadro abaixo, temos a impressão de nota com peso 3.

```
<?php
$atividade = 7.0;
$peso = $atividade * 3;
?>
```

O próximo quadro mostra um exemplo de subtração entre as notas da primeira prova (`$prova1`) e da segunda prova (`$prova2`), associando o resultado à variável `$diferença`. O operador de subtração é - (menos).

```
<?php
$prova1 = 8.0;
$prova2 = 6.0;
$parcial = $prova1 - $prova2;
?>
```

O código do quadro abaixo mostra um exemplo de divisão, que é representada pelo operador / (barra). Neste exemplo, é calculada a média aritmética das notas da primeira e da segunda prova, ou seja, somamos as notas das provas e dividimos por 2. Observe que neste caso usamos a variável `$parcial` e associamos o resultado à variável `$media`.

```
<?php
$prova1 = 8.0;
$prova2 = 6.0;
$parcial = $prova1 + $prova2;

$media = $parcial / 2;
?>
```

O operador % (módulo) retorna o resto de uma divisão. No quadro abaixo, a variável `$resto` será associada ao resto da divisão entre `$a` e `$b`.

```
<?php
$a = 35;
$b = 4;
$resto = $a % $b;
?>
```

As operações aritméticas apresentadas podem ocorrer entre variáveis, entre variáveis e inteiros ou *floats*, ou ainda entre inteiros e *floats*. A tabela a seguir apresenta um resumo desses operadores aritméticos, mostrando um exemplo de cada com operações entre variáveis.

Operador	Função/Nome	Exemplo	Resultado
+	Adição	$x + $y	Soma de $x com $y
*	Multiplicação	$x * $y	Produto de $x e $y
-	Subtração	$x - $y	Diferença entre $x e $y
/	Divisão	$x / $y	Quociente de $x por $y
%	Módulo	$x % $y	Resto de $x dividido por $y

Operador de atribuição

Já sabemos que o operador de atribuição é representado pelo símbolo = (igual) e que ele associa um valor a uma variável. Veremos agora os operadores de atribuição de combinação e os operadores pré/pós-incremento e decremento.

Operadores de atribuição de combinação

O PHP e a maioria das linguagens de programação permitem combinar os operadores aritméticos com o operador de atribuição, criando uma forma abreviada de se escrever operações. Veja o exemplo a seguir:

```
<?php
$x = 1;
$x += 2;
echo $x '<br>';
?>
```

Nesse exemplo, na linha `$x = 1;`, está sendo associado o valor 1 à variável `$x`. Depois, na linha `$x += 2;`, é somado 2 ao conteúdo da variável `$x`, e o resultado dessa adição é associado à mesma variável `$x`. Observe que escrever `$x += 2;` é semelhante a `$x = $x + 2;`, de forma abreviada.

A tabela a seguir resume as abreviações dos operadores de atribuição de combinação. Além dos operadores aritméticos, é possível fazer abreviação com operador de concatenação de *string*.

Operador	Uso	Equivalente a
+=	$x += $y	$x = $x + $y
-=	$x -= $y	$x = $x - $y
*=	$x *= $y	$x = $x * $y
/=	$x /= $y	$x = $x / $y
%=	$x %= $y	$x = $x % $y
.=	$x .= $y	$x = $x . $y

Pré e pós-incremento e decremento

Os operadores de pré e pós-incremento ++ (mais mais) e decremento -- (menos menos) realizam duas ações:

1- Incrementam ou decrementam uma unidade ao valor da variável.
2- Associam o valor resultante à variável.

Para compreender como isso acontece, vamos examinar os códigos a seguir:

```
<?php
$nota = 8;
echo 'Pre incremento: '. ++$nota;
?>
```

Na primeira linha, a variável `$nota` tem o valor 8 associado a ela. Na segunda linha, é dada a instrução de imprimir `++$nota`. Esse é um exemplo de **pré-incremento**, ou seja, o operador `++` está posicionado antes da variável. Nesse caso, primeiramente é somado 1 ao valor de `$nota`, e só depois disso o resultado é impresso. O valor associado à variável `$nota` é 9.

No código a seguir, perceba que o operador `++` está posicionado depois da variável `$nota++`. Aqui, é um caso de **pós-incremento**.

```
<?php
$nota = 8;
echo 'Pos incremento: '. $nota++. '<br>';
echo 'Variavel depois do pos incremento: ' .$nota;
?>
```

Primeiramente, o valor da variável `$nota` é impresso. Depois, é somado 1 ao valor da variável, e o resultado dessa soma é atribuído à mesma variável `$nota`. Veja o resultado do código na figura 60.

Figura 60

O comportamento dos operadores pré e pós-decremento segue o mesmo raciocínio apresentado no caso de incremento. A representação `--$nota` ocorre antes da variável para os casos de **pré-decremento**, e `$nota--` ocorre depois da variável para as operações de **pós-decremento**. A única mudança é que, ao invés de somar, será subtraída uma unidade do valor da variável.

Operadores de comparação

Os operadores de comparação, como o próprio nome sugere, são utilizados para comparar dois ou mais valores, variáveis ou expressões. O resultado dessa comparação será um booleano: o resultado será `TRUE`, em caso positivo, e `FALSE`, em caso negativo.

O operador de igualdade é representado pelos símbolos == (igual igual). Por exemplo, podemos comparar se os valores das notas das provas são iguais com: `$prova1 == $prova2`. Esse resultado será verdadeiro se as notas forem iguais e será falso se forem diferentes.

Atenção!

Não devemos confundir o operador de atribuição = (igual) com o operador de comparação de igualdade = = (igual igual).

A tabela a seguir apresenta um resumo com os principais operadores de comparação utilizados no PHP. O emprego desses operadores será mais bem compreendido mais adiante em Estruturas de controle.

Operador	Nome	Utilização
==	Igual a	$x == $y
===	Idêntico a	$x === $y
!=	Não igual	$x != $y
!==	Não idêntico	$x !== $y
<>	Não igual (operador de comparação)	$x <> $y
<	Menor que	$x < $y
>	Maior que	$x > $y
<=	Menor ou igual	$x <= $y
>=	Maior ou igual	$x >= $y

Operadores lógicos

Operadores lógicos são usados para representar situações lógicas e realizam comparações baseadas na lógica booleana. Por exemplo, no caso de querermos saber se determinado aluno está aprovado na disciplina. Supondo que a média mínima de aprovação seja 7, o aluno só será aprovado se sua média for maior ou igual a 7 e menor ou igual a 10 (nota máxima). Então, precisamos testar a condição `$media >= 7` e, ao mesmo tempo, `$media <=10`. Veja o código a seguir:

```
$media >= 7 && $media <=10
```

Observe que essa linha de código realiza duas comparações: primeiro, se `$media` é maior ou igual a 7; segundo, se `$media` é menor ou igual a 10. O aluno só será aprovado se essas duas comparações forem verdadeiras ao mesmo tempo. Para esse caso, usamos o operador de comparação AND (e lógico) que, no PHP, é representado por &&.

O operador AND `(&&)` tem a propriedade de apresentar resultado verdadeiro se as duas condições forem verdadeiras. Se uma delas for falsa, então o resultado será falso.

Representamos todos os possíveis casos de combinação de resultados de duas variáveis em uma tabela conhecida como **tabela verdade**. Nela, convencionamos que o valor verdadeiro seria 1 e o valor falso seria 0.

A tabela verdade do AND (`&&`) é mostrada a seguir. Observe que o resultado é verdadeiro se as duas variáveis forem verdadeiras ao mesmo tempo, ou seja, se ambas tiverem valor 1. Caso contrário, se uma das variáveis tiver valor 0, o resultado é falso.

$a	**$b**	**$a && $b**
0	0	0
0	1	0
1	0	0
1	1	1

Outro operador lógico é o OR (ou lógico). Ele é empregado quando desejamos saber se apenas um dos valores das comparações é verdadeiro. Por exemplo, queremos saber se o aluno tirou nota abaixo de 5 em alguma das duas provas (ou na `$prova1` ou na `$prova2`). Podemos fazer o seguinte código para testar:

```
$prova1 < 5 || $prova2 < 5
```

Neste caso, o operador lógico OR é representado no PHP por || (barra barra). O operador OR tem a propriedade de apresentar valor verdadeiro se uma das duas condições for verdadeira, ou seja, basta que uma condição seja verdade para que o resultado também o seja. A tabela verdade do OR lógico é apresentada a seguir:

$a	**$b**	**$a || $b**
0	0	0
0	1	1
1	0	1
1	1	1

Os operadores AND e OR são chamados de operadores binários porque necessitam de dois argumentos para exibir resultado. Existe um operador lógico unário, o operador de negação, NOT, representado no PHP por ! (ponto de exclamação). O operador NOT inverte o resultado: se o valor for verdadeiro, o operador NOT produz valor falso; se o valor for falso, o operador NOT produz valor verdadeiro. Veja a tabela verdade do operador lógico NOT.

$a	!$a
1	0
0	1

Os operadores lógicos apresentados estão resumidos na tabela a seguir.

Operador	Nome	Utilização	Resultado
`!`	NOT	`!$t`	Retorna `true` se `$t` for `false` e vice-versa
`&&`	AND	`$x && $y`	Retorna `true` se `$x` e `$y` forem `true`; caso contrário, `false`
`||`	OR	`$x || $y`	Retorna `true` se `$x` ou `$y`, ou ambos, forem `true`; caso contrário, `false`
`and`	AND	`$x and $y`	O mesmo que `&&`, mas com precedência mais baixa
`or`	OR	`$x or $y`	O mesmo que `||`, mas com precedência mais baixa

Precedência de operadores

A precedência de um operador indica qual deles tem maior prioridade quando há dois ou mais operadores juntos. Por exemplo, aprendemos na matemática que, na expressão, 2 + 3 * 5, a resposta é 17, e não 25, porque o operador de multiplicação * tem prioridade de precedência sobre o operador de adição +.

Outra maneira de forçar precedência é o uso de parênteses. Por exemplo, se quisermos que o resultado da expressão 2 + 3 * 5 seja 25, basta usar os parênteses para indicar que a adição deve ser executada antes da multiplicação. Dessa forma, (2 + 3) * 5 apresenta como resposta 25.

Nos casos em que aparecem dois operadores com precedência igual, a ordem de precedência ocorre da esquerda para a direita. Por exemplo, na expressão 10 / 2 * 2 o resultado é 10, pois os operadores de multiplicação e divisão possuem a mesma ordem de precedência.

A tabela abaixo apresenta a precedência dos operadores: os de maior precedência aparecem no começo seguidos pelos de menor precedência em relação a eles. Os operadores que têm a mesma precedência estão na mesma linha. A coluna "associação" da tabela abaixo indica a ordem de leitura da associatividade da coluna do "operador". Quando a associatividade é à esquerda, significa que a expressão avalia os operadores da esquerda para a direita. Já quando a associatividade é à direita, a expressão avalia os operadores da direita para a esquerda. Quando não há diferença na ordem de associação, ele é dito como não associativo.

<table>
<tr><th>Associação</th><th>Operador</th></tr>
<tr><td>esquerda</td><td>[</td></tr>
<tr><td>não associativo</td><td>++ --</td></tr>
<tr><td>direita</td><td>!</td></tr>
<tr><td>esquerda</td><td>* / %</td></tr>
<tr><td>esquerda</td><td>+ - .</td></tr>
<tr><td>esquerda</td><td><< >></td></tr>
<tr><td>não associativo</td><td>< <= > >= <></td></tr>
<tr><td>não associativo</td><td>== != === !==</td></tr>
<tr><td>esquerda</td><td>&</td></tr>
<tr><td>esquerda</td><td>^</td></tr>
<tr><td>esquerda</td><td>|</td></tr>
<tr><td>esquerda</td><td>&&</td></tr>
<tr><td>esquerda</td><td>||</td></tr>
<tr><td>esquerda</td><td>? :</td></tr>
<tr><td>direita</td><td>= += -= *= /= .= %= &= |= ^= <<= >>=</td></tr>
<tr><td>esquerda</td><td>and</td></tr>
<tr><td>esquerda</td><td>xor</td></tr>
<tr><td>esquerda</td><td>or</td></tr>
</table>

Estruturas de controle

As estruturas de controle definem o fluxo de execução do script PHP. De maneira geral, podemos identificar dois grandes grupos de estruturas de controle: as estruturas condicionais e as estruturas de repetição.

Estruturas condicionais

As estruturas condicionais, como o próprio nome sugere, condicionam a execução de um trecho de código ao resultado de uma avaliação. Em outras palavras, um trecho de código é executado somente se uma condição definida for verdadeira. As estruturas condicionais também são conhecidas como estruturas de seleção. Aprenderemos as estruturas `if` e `switch` nesta seção.

IF/ELSE

A estrutura condicional `if` permite tomar decisões no código, avaliando determinada operação de comparação ou operação lógica que está entre parênteses. Caso essa condição entre parênteses seja verdadeira, um trecho de código será executado. Caso seja falsa, esse trecho de código não será executado. Por exemplo, desejamos que seja exibida, no navegador, uma mensagem de aprovação, se o aluno tiver média maior ou igual a 7.0. Para que a mensagem apareça, o código será:

```
<?php
$prova1 = 5.5;
$prova2 = 9.8;
$media = ($prova1 + $prova2) / 2;
if ( $media >= 7.0){
echo 'Aluno aprovado com nota '. $media;
}
?>
```

Esse código calcula a média de duas provas (`$prova1` e `$prova2`) e associa o resultado a `$media`. Depois, é usada a estrutura condicional `if` para a tomada de decisão quanto a imprimir ou não a mensagem de aprovação. A mensagem de aprovação somente será impressa se o resultado do teste entre parênteses (`$media >= 7.0`) for verdadeiro.

Para as notas `$prova1 = 5.5` e `$prova2 = 9.8` a expressão (`$media >= 7.0`) é verdadeira, então todo o código dentro das chaves `{echo 'Aluno aprovado com nota '. $media;}` será executado.

Veja o resultado desse código na figura 61.

Figura 61

Vejamos outra situação: se (`$media >= 7.0`) for falso, ou seja, se o aluno ficou com média menor que 7.0. Nesse caso, queremos que seja impressa uma mensagem informando que o aluno está em recuperação. Podemos então usar a instrução `else`, que atua como uma alternativa quando o teste do `if` for falso. Veja o código a seguir, em que a nota `$prova2 = 4.0` foi alterada.

```
<?php
$prova1 = 5.5;
$prova2 = 4.0;
$media = ($prova1 + $prova2) / 2;
if ( $media >= 7.0){
echo 'Aluno aprovado com nota '. $media;
}
else{
echo 'Recuperação com nota '. $media;
}
?>
```

O resultado do código no navegador é semelhante ao da figura 62.

Figura 62

O PHP apresenta a instrução `elseif`, quando desejamos fazer mais condições para um trecho de código ser executado. Observe este código:

```
<?php
$prova1 = 0;
$prova2 = 0;
$media = ($prova1 + $prova2) / 2;
if ( $media >= 7.0){
echo 'Aluno aprovado com nota '. $media. '<br>';
}
elseif ($media < 7.0 && $media >= 0.1 ){
echo 'Aluno em recuperação com nota '. $media.
'<br>';
}
elseif ($media == 0){
echo 'Aluno reprovado com nota '. $media. '<br>';
}
?>
```

Vemos que foi acrescentada mais uma condição, diferente das anteriores: se o aluno ficou com média zero (os valores de `$prova1 = 0` e `$prova2 = 0` foram alterados). Neste caso em particular, usamos o `elseif ($media == 0)` para exibir uma mensagem como a da figura 63.

Figura 63

O PHP permite que usemos a condicional `if` aninhada, ou seja, podemos fazer uma nova condição dentro do trecho de outra instrução `if`. Observe as linhas em negrito no código a seguir:

```
<?php
$prova1 = 10;
$prova2 = 10;
$media = ($prova1 + $prova2) / 2;
```

```
if ( $media >= 7.0){
echo 'Aluno aprovado com nota '. $media. '<br>';
if ($media == 10){
echo 'Parabéns pelo excelente resultado!';
}
}
elseif ($media < 7.0 && $media >= 0.1 ){
echo 'Aluno em recuperação com nota '. $media. '<br>';
}
elseif ($media == 0){
echo 'Aluno reprovado com nota '. $media. '<br>';
}
?>
```

No código, se a média for maior ou igual a 7.0, imprimimos uma mensagem com a média e fazemos um novo teste: `if ($media == 10)`. Caso seja verdadeiro, o trecho `echo 'Parabéns pelo excelente resultado!';` será executado. Caso contrário, não o será.

Switch

A instrução `switch` é uma estrutura condicional, semelhante a `elseif`. Enquanto que, com `elseif`, a condição só poderá ser avaliada como verdadeira ou falsa, `switch` aceita que a condição tenha um conjunto de valores, que podem ser do tipo inteiro, *string* ou *float*. O `switch` avalia uma condição (que pode ser, por exemplo, o valor associado a uma variável) e descreve os casos (*cases*), para tratar cada valor no qual se deseja que um conjunto de instruções seja executado. Para explicar o funcionamento do `switch` vamos usar o exemplo do formulário adiante, no qual o usuário deverá escolher um curso para saber o turno deste.

```
<html>
<head>
<meta http-equiv="Content-Type" content="text/html;
charset=utf-8" />
</head>
<body>
<form method="post" action="codigo5.php">
<label for="curso">Selecione o curso: </label> <br />
```

```
<input id="curso" name="curso" type="radio"
value="m"> Manutenção de computadores <br>
<input id="curso" name="curso" type="radio"
value="r"> Redes de computadores <br>
<input id="curso" name="curso" type="radio"
value="p"> Programação de computadores <br>
<input id="curso" name="curso" type="radio"
value="w"> Programação Web <br>
<input type="submit" value="Enviar" name="enviar">
</form>
</body>
</html>
```

Podemos visualizar o formulário na figura 64.

Figura 64

Quando o formulário for submetido, o script PHP vai imprimir o turno do curso que foi escolhido. Veja este código:

```
<?php
$mod = $_POST[‘curso’];
switch($mod){
case ‘m’ :
echo ‘Manutenção de computadores: manhã e noite’;
break;
case ‘r’ :
echo ‘Rede de computadores: tarde ’;
break;
case ‘p’ :
echo ‘Programação de computadores: tarde e noite ’;
break;
case ‘w’ :
```

```
echo 'Programação web: manhã e tarde ';
break;
default:
echo 'Preencha o formulário novamente ';
break;
}
?>
```

Na linha `$mod = $_POST['curso']` associamos a opção do curso marcado no formulário à variável `$mod`. Na linha `switch($mod)`, avaliamos o valor associado à variável `$mod`, ou seja, o curso que foi escolhido no formulário, e vemos qual *case* ele ativa. Escrevemos *case*, depois o ativador do *case*, que, no exemplo, é uma `string`, e por último : (dois-pontos). O *case* que for ativado executará as linhas de código seguintes aos : (dois pontos) até aparecer a palavra `break`, que indica o fim daquele *case*. Ao término de todos os *cases*, devemos escrever um *case-padrão*, chamado de `default`, indicando o que deve acontecer se nenhum dos *cases* for ativado. Todos os *cases* estão dentro de { } (chaves), indicando o início e o fim do `switch ($mod)`.

De maneira geral, podemos escrever o `switch` da seguinte forma:

```
switch( teste ){
case ' caso1 ' :
código a ser executado quando a condição for
satisfeita;
break;
case ' caso2 ' :
código a ser executado quando a condição for
satisfeita;
break;

default:
código a ser executado quando a condição for
satisfeita;
break;
}
```

Estrutura de repetição

As estruturas de repetição em programação são utilizadas para executar um bloco de código enquanto uma condição for verdadeira. Estamos aqui nos referindo à instrução `while`. Outra utilidade das estruturas de repetição é iterar uma coleção de dados. Neste caso, estamos nos referindo à instrução `for`. Nesta seção, aprenderemos a usar as instruções `while` e `for`.

`While`

A instrução `while` executa um trecho de código repetidamente enquanto a condição analisada for verdadeira. Quando vimos a instrução `if` anteriormente, aprendemos que ela executa um trecho de código uma única vez, quando a condição analisada for verdadeira. Usando o `while`, o trecho de código pode ser repetido mais de uma vez, até a condição analisada ser falsa.

O código seguinte imprime no navegador os nomes dos alunos que estão associados ao *array* `$grupo`.

```
<?php
$grupo = array("Alvaro", "Kelly", "Leticia", "Rodrigo");
$i = 0;
while ($i < count($grupo)) {
$aluno = $grupo[$i];
echo $aluno .'<br>' ;
$i++;
}
?>
```

Na primeira linha de código `$grupo = array("Alvaro", "Kelly", "Leticia", "Rodrigo");` , o *array* com o grupo de alunos é criado. Usamos uma variável auxiliar `$i` como contador do índice do *array*. Em PHP, esse índice começa em 0 (zero). Em `while($i < count($grupo))` testamos que, enquanto for verdadeiro que `$i` seja menor que a quantidade de elementos `(count)` do *array* `$grupo` , o trecho código entre `{ }` (chaves) seja executado. Usamos a função `count()` para saber a quantidade de elementos do *array* (veremos funções com mais detalhes na próxima seção).

Na primeira iteração desse laço `$i=0`, na linha `$aluno = $grupo[$i];` a variável `$aluno` é associada ao primeiro elemento do *array*. Na linha `echo $aluno.'<br>';` o nome do aluno é impresso. E na linha `$i++;` o valor de `$i` é atualizado, somando uma unidade ao valor anterior.

Chegamos no fim do trecho de código delimitado por `{ }` chaves. Então, a condição `while ($i < count($grupo))` é testada novamente, com `$i=1`. Todas as linhas são executadas novamente até:

- todos os nomes do vetor serem impressos;
- o valor de `$i` ultrapassar o tamanho do *array* `$grupo`;
- a condição de teste ser falsa.

O resultado da execução do código é semelhante à figura 65 (exemplo de laço de repetição `while`).

Figura 65

De forma genérica, `while` pode ser representado da seguinte forma:

```
while (condição){
código a ser executado quando a condição for
satisfeita;
atualização do contador (opcional);
}
```

Devemos lembrar que o valor da expressão `while` é analisado a cada início do laço. Quando a condição analisada for falsa, o trecho de código do `while` não será mais executado.

Do-while

A instrução `do-while` é semelhante à `while`: um trecho de código é repetidamente executado enquanto uma condição analisada for verdadeira. A principal diferença está em que a condição analisada é executada em cada iteração **depois** que o trecho de código é executado. Veja a reescrita do código do exemplo anterior (quadro da página 102) usando `do-while`.

```
<?php
$grupo = array("Alvaro", "Kelly", "Leticia", "Rodrigo");
$i = 0;
do{
$aluno = $grupo[$i];
echo $aluno .'<br>' ;
$i++;
}while ($i < count($grupo)) ;
?>
```

O array `$grupo` é criado com o nome dos alunos, e o contador `$i` é iniciado com `0`. O bloco de código dentro de `do{ }` é executado pela primeira vez, e só depois disso o teste `while ($i < count($grupo));` é executado. Enquanto o teste for verdadeiro, o bloco dentro de `do{ }` é executado. Quando o teste for falso, o código sai do laço e segue seu fluxo.

De forma genérica, podemos representar `do-while` da seguinte forma:

```
do{
código executado;
} while (condição);
```

A instrução `do-while` garante que a primeira iteração do laço seja executada, pois a expressão `while` só é testada após essa primeira execução. Se o teste `while` for verdadeiro, o bloco de código interno no `do{ }` será executado novamente. Quando o teste for falso, o laço não será mais executado.

Podemos observar que tanto a instrução `while` quanto `do-while` fazem com que um trecho de código fique sendo repetido. Portanto, temos de nos assegurar que o teste realizado no `while( )` torne-se falso em algum momento para que o código não seja repetido indefinidamente. Isso porque, se a variável for sempre verdadeira, a execução nunca vai terminar, ocorrendo o que os programadores chamam de *looping*, ou laço infinito.

For

O laço de instrução `for` é mais uma estrutura de repetição. Observe o código anterior reescrito agora com `for`:

```
<?php
$grupo = array("Alvaro", "Kelly", "Leticia", "Rodrigo");

for ( $i = 0; $i < count($grupo); $i++ ) {
$aluno = $grupo[$i];
echo $aluno .'<br>' ;
}
?>
```

A primeira instrução `$i = 0` é sempre executada no começo do laço. A segunda instrução `$i < count($grupo)` é executada como teste: se for verdadeira, as linhas de código do bloco for entre chaves `{ }` são executadas, imprimindo o nome do aluno; se for falsa, o laço for é interrompido. Após cada execução do bloco `for`, a terceira instrução `$i++` é executada, e são refeitos os testes da segunda instrução. Isso se repete até que o teste da segunda instrução apresente resultado falso e o laço `for` seja interrompido.

Veja o resultado do código na figura 66.

Figura 66

De maneira genérica, podemos escrever o laço `for` assim:

```
for ( expressão A ; condição B ; expressão C2 ){
código a ser executado quando a condição B for
satisfeita;
}
```

Neste caso:

I. Há um contador (uma variável auxiliar), que é inicializado uma vez, obrigatoriamente no início, com um valor `(expressão A)`.

II. Há uma condição que é testada `(condição B)`.

III. Se a condição for verdadeira:

   a. Um trecho de código de uma ou mais linhas delimitadas por `{ }` chaves é executado.

   b. O valor do contador é atualizado `(expressão C2)`.

   c. Volta-se ao passo B, em que a condição é testada.

IV. Se a condição B for falsa, encerra-se a iteração.

Foreach

A estrutura de repetição `foreach` funciona de forma semelhante ao `for`. Ela é principalmente usada com *arrays*. Observe o código a seguir:

```
<?php
$disciplinas = array("Redes de computadores",
"Algoritmos",
"Programação de computadores",
"Manutenção de computadores");

foreach ($disciplinas as $value) {
echo $value . '<br>';
}
?>
```

O código do quadro anterior associa a variável `$disciplina` a um *array* com nomes de cursos. Usamos o laço `foreach` para percorrer todas as posições desse *array* sem precisar se preocupar com a quantidade de elementos do *array*. Assim, enquanto houver elementos dentro do *array* `$disciplina`, os comandos entre chaves `{ }` serão executados.

De forma genérica, podemos escrever o laço `foreach` assim:

```
foreach (array as variavel){
instrução ...
}
```

Funções

Uma função é um trecho de código separado que executa determinada tarefa. Cada função tem um nome. Basta chamar o nome da função que a tarefa será executada.

Funções da biblioteca PHP

No PHP existe um conjunto de funções já implementadas na biblioteca, ou seja, funções cujo código já foi escrito. A função é chamada pelo nome registrado na biblioteca e pode ser usada sem que se precise reescrever o código. Veja os nomes e as tarefas executadas por algumas funções da biblioteca do PHP.

- Função `strlen()`: conta quantos caracteres tem uma *string*. A função conta também os espaços em branco e os acentos. O resultado da função do exemplo a seguir será 17.

```
<?php
$x ="sistema acadêmico";
echo strlen($x);
?>
```

- Função `ucfirst()`: muda a primeira letra da variável para maiúscula. O resultado da função do exemplo a seguir será "`Sistema acadêmico`".

```
<?php
$x ="sistema acadêmico";
echo ucfirst($x);
?>
```

- Função `str_replace()`: pesquisa a primeira palavra digitada e a substitui pela segunda palavra na variável digitada por último. É uma função que realiza a tarefa de pesquisar e substituir. O resultado da função do exemplo a seguir será "`Sistema acadêmico: divulgação de média dos alunos`".

```
<?php
$texto = "Sistema acadêmico: divulgação de nota dos
alunos";
echo str_replace("nota", "média", $texto);
?>
```

As funções apresentadas como exemplo são conhecidas como **funções com parâmetro**, porque elas recebem dados para processá-los. Nas funções `strlen()` e `ucfirst()` foi passada à variável `$x` como parâmetro. Na função `str_replace()` foram passadas as *strings* `"nota"`, `"média"` e a variável `$texto` como parâmetros.

Outros exemplos de funções da biblioteca PHP:

Nome da função	Tarefa executada
strtoupper()	Transforma todas as letras de uma variável em maiúsculas.
strtolower()	Transforma todos os caracteres em minúsculos.
date()	Imprime a data e hora atual.
gettype()	Identifica o tipo do dado ou variável.
settype()	Modifica o tipo da variável.

Escrevendo funções

Também podemos criar nossas próprias funções. Para isso, devemos usar a palavra reservada `function` seguida do nome que identifica nossa função e dos parênteses `()`. O código da função fica delimitado por chaves. Para chamar a execução da função, basta escrever o nome da função e passar os parâmetros. O exemplo a seguir mostra a função `imprimirMedia()`.

```
<?php
function imprimirMedia($prova1, $prova2){
$media = ($prova1 + $prova2) / 2;
echo "A média do aluno é: ". $media;
}

imprimirMedia(7.0,8.0);
?>
```

Na linha `imprimirMedia(7.0,8.0);` a função é invocada, e é passado o valor das variáveis `$prova1,$prova2,` respectivamente, para a função `function imprimirMedia($prova1, $prova2)` por parâmetro. A função é executada calculando a média e exibindo o resultado.

Essa função é chamada de **função sem retorno**, pois não retorna um valor para o nome da função, apenas executa a instrução contida entre chaves.

Veja agora um código que imprime a situação do aluno (aprovado/recuperação/reprovado) quando suas notas são digitadas em um formulário. O código HTML a seguir exibe um formulário para digitação de notas de duas provas e a quantidade de faltas na disciplina.

```
<html>
<head>
</head>
<body>
<form method="post" action="codigo7.php">
<label for="nome">Nome do aluno: </label>
<input type="text" id="nome" name="nome" /><br />
<label for="p1">Nota da 1° prova:</label>
<input type="text" id="p1" name="p1" /><br />
<label for="p2">Nota da 2° prova:</label>
<input type="text" id="p2" name="p2" /><br />
<label for="falta">Quantidade de faltas:</label>
<input type="text" id="falta" name="falta" /><br />

<input type="submit" value="Enviar" name="enviar" />
</form>
</body>
</html>
```

O formulário é visualizado na figura 67.

Figura 67

O código PHP que vai tratar o formulário é exibido a seguir:

```
<?php
$aluno = $_POST['nome'];
$p1 = $_POST['p1'];
$p2 = $_POST['p2'];
$f = $_POST['falta'];

function calcularMedia($prova1, $prova2){

return ($prova1 + $prova2) / 2;

}

$resultado = calcularMedia($p1,$p2);

if ( $resultado>= 7.0 && $resultado<=10 && $f<=32){
echo 'Aluno aprovado com nota '. $resultado;
}
elseif ($resultado<7.0 && $resultado>= 0.1 &&
$f<=32){
echo 'Aluno em recuperação com nota '. $resultado;
}
elseif ($resultado == 0 || $f>32){
echo 'Aluno reprovado';
}
else{
echo 'Preencha novamente o formulário';
}

?>
```

Associação de variáveis aos dados do formulário

Função `calcularMedia` e seus dois parâmetros

Retorno da função que calcula a média aritmética

Chamada da função passando os dados do formulário como parâmetro e associando o retorno à variável `$resultado`

O valor de `$resul` e a quantidade de f definem a situação do aluno usando a condicional `if`.

A função `function calcularMedia($prova1,$prova2)` retorna um valor quando executada por meio da palavra reservada `return`. Esse tipo de função é chamado de **função com retorno**. Neste ponto do código, a função foi apenas declarada, mas não executada.

A função é invocada na linha `$resultado = calcularMedia($p1,$p2);`, passando por parâmetro as notas digitadas no formulário associadas às variáveis `$p1` e `$p2`. O valor retornado pela função será associado à variável `$resultado`. Os valores das variáveis `$p1` e `$p2` passadas na invocação da função são associados às variáveis `$prova1` e `$prova2` da declaração da função, obedecendo à ordem de escrita.

De forma genérica, as funções podem ser declaradas como:

```
function nome_da_função( parâmetro1, parâmetro2,
... ){
corpo_da_função;
}
```

Se a função retornar algum valor, o `return valor;` deve ser acrescentado:

```
function nome_da_função( parâmetro1, parâmetro2,
... ){
corpo_da_função;
return valor;
}
```

As funções são invocadas de forma genérica, escrevendo-se o nome da função e passando-se os parâmetros (quando necessário) ordenadamente:

```
nome_da_função( parâmetro1, parâmetro2, ... );
```

Uma das vantagens de se escrever funções é que elas são escritas uma vez e podem ser invocadas diversas vezes no código, passando parâmetros diferentes. Por exemplo, se tivermos um formulário com as notas de todos os alunos da turma, invocamos a função de calcular média tantas vezes quanto for o número de alunos na turma, embora a função de calcular média seja escrita uma única vez.

5

CONSTRUÇÃO DE UM BANCO DE DADOS COM MySQL

Vimos que as variáveis armazenam temporariamente as informações coletadas do formulário. Contudo, precisamos guardar essas informações de forma que o armazenamento permanente e a recuperação posterior desses dados sejam possíveis. Neste caso, o banco de dados é uma ferramenta útil, pois permite que os dados sejam guardados de maneira organizada.

Adotamos neste livro o banco de dados MySQL (My Structured Query Language). O MySQL é instalado com o WAMP. Logo, se instalarmos corretamente o WAMP, o MySQL também estará instalado. Para nos comunicarmos com MySQL, usamos o SQL, uma linguagem que define comandos próprios para interagir com o banco.

A figura 68 mostra o esquema de funcionamento de um banco de dados e sua interação com o servidor web.

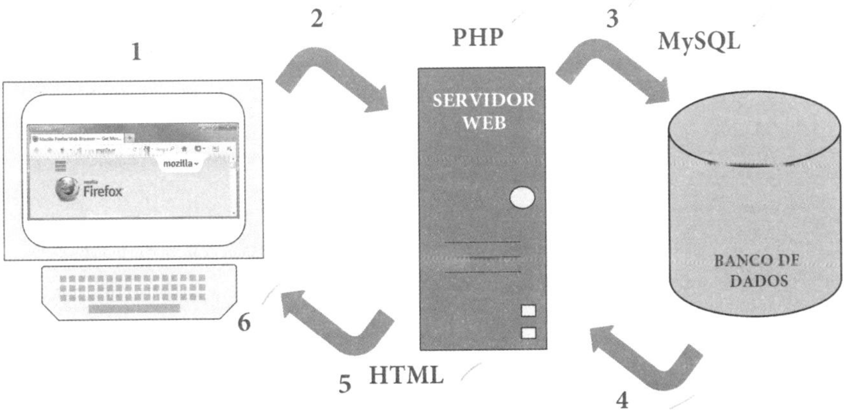

Figura 68

Para entender como funciona essa iteração, veja o exemplo de um aluno que deseja realizar matrícula em um curso via web:

- Em 1: usuário digita seus dados em uma página web que exibe um formulário para realizar matrícula em um curso.
- Em 2: o formulário é submetido, e o código PHP é tratado no servidor web.
- Em 3: o código PHP conecta-se ao banco de dados usando comandos SQL e faz inserções e/ou consultas de dados no banco.
- Em 4: se necessário, os dados recuperados do banco são processados no servidor web.
- Em 5: o resultado do processamento de dados é convertido em HTML.
- Em 6: a página HTML é exibida no navegador do usuário.

Os bancos de dados MySQL são organizados em forma de tabelas e, por esse motivo, são conhecidos como bancos de dados relacionais. Todas as informações que desejamos armazenar ficarão organizadas em forma de linhas e colunas de dados relacionados. A maioria das aplicações, como nosso Sistema Acadêmico, precisará de uma ou mais tabelas dentro do mesmo banco de dados. Essas tabelas podem ser interpretadas como se fossem uma ou mais pastas dentro de uma mesma gaveta em um armário de arquivos. Dessa forma, cada tabela (abstração das pastas) guardará o mesmo tipo de informação, de forma padronizada, no mesmo banco (abstração da gaveta), facilitando a busca posterior dessa informação, quando necessário.

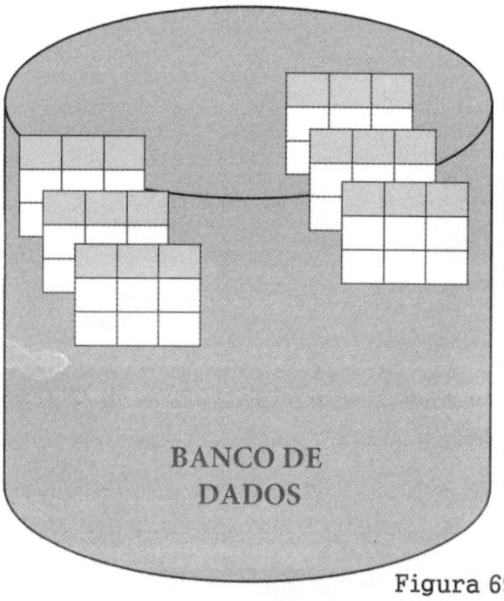

Figura 69

Atenção!

Um banco de dados pode conter inúmeras tabelas

Neste capítulo, veremos como interagir com o banco de dados. Aprenderemos os comandos SQL, que permitirão: criar tabelas, inserir, consultar, alterar e apagar dados das tabelas.

Console MySQL e phpMyAdmin

O servidor MySQL recebe e executa comandos SQL que possibilitam a criação de tabelas, a inserção, a atualização e a remoção de dados estruturados em forma de tabelas. Podemos usar duas ferramentas populares para comunicação com o MySQL: o console MySQL e o phpMyAdmin. Existe ainda uma terceira forma de interagir com o MySQL: escrevendo os comandos SQL diretamente no código PHP. Veremos essas três formas a seguir.

Antes disso, porém, precisamos executar o WampServer para ativá-lo, caso não esteja ativo (online). Assim, clicamos duas vezes no ícone do WampServer que aparece no desktop. Depois, o ícone do WampServer aparecerá ao lado do relógio do Windows na cor vermelha (desativado) e passará para a cor verde (ativado).

Console MySQL

O console MySQL, também chamado de terminal ou prompt, é uma interface de linha de comando, semelhante ao prompt no Windows. Acessamos o console de comandos do MySQL pelo ícone do WAMP na barra de tarefas. A figura 70 mostra como abrir o console de comando MySQL.

Figura 70

O console de comando do MySQL é visualizado na figura 71. Nele nós digitamos os comandos SQL para interagir com o banco de dados.

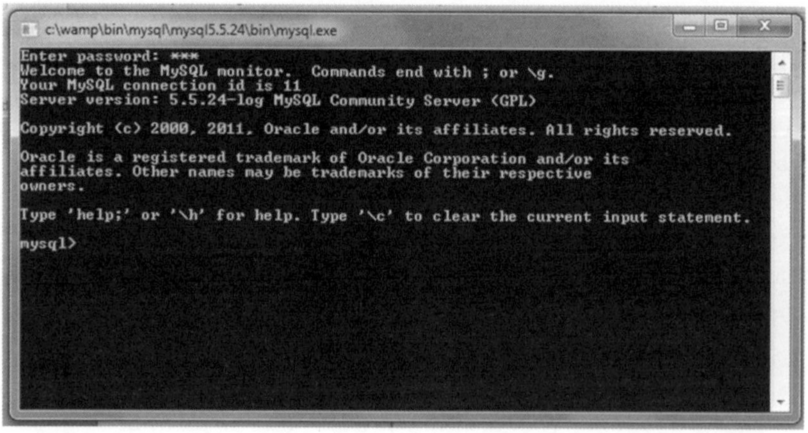

Figura 71

phpMyAdmin

O phpMyAdmin é uma ferramenta web gratuita disponível em http://www.phpmyadmin.net. Como estamos usando o WAMP, ele já foi automaticamente instalado. No phpMyAdmin, é possível criar, acessar, atualizar, deletar e pesquisar em bancos de dados e tabelas graficamente com cliques nos botões específicos. Para acessá-lo, abrimos o navegador Firefox, digitamos "localhost" na barra de endereço e clicamos em phpMyAdmin. A tela principal é mostrada na figura 72.

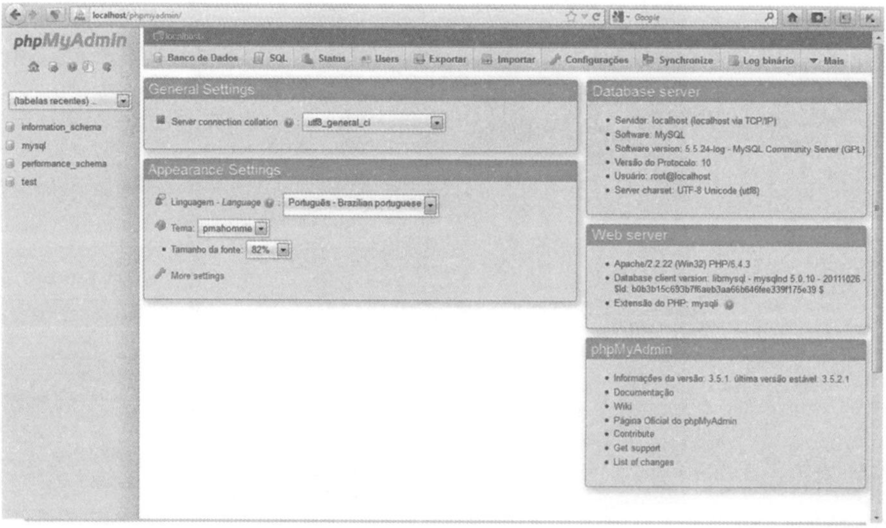

Figura 72

Também é possível digitar comandos SQL no phpMyAdmin, da mesma forma que no console MySQL. Basta clicar na aba SQL, como mostra a figura 73 (tela da guia SQL do phpMyAdmin), e digitar o mesmo código SQL do console.

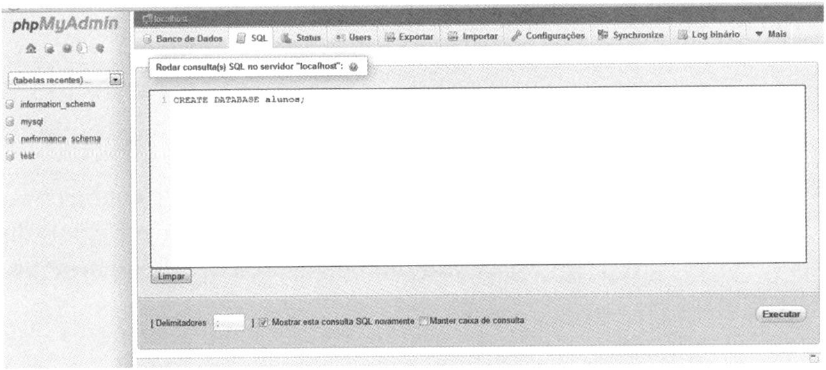

Figura 73

Senha do MySQL

O phpMyAdmin, quando instalado com o WAMP, configura a senha do banco de dados MySQL em branco. Para alterar a senha, são necessários dois procedimentos:

1° passo: mudar a senha do MySQL digitando, na janela SQL do phpMyAdmin, o comando:

```
SET PASSWORD FOR 'root'@'localhost' = PASSWORD
('123');
```

No comando citado, a nova senha é `'123'`.

Atenção!

Aconselhamos que seu banco de dados seja configurado com uma senha mais robusta, com maior quantidade de caracteres, incluindo letras e números.

2° passo: incluir a mesma senha no phpMyAdmin diretamente no arquivo de configuração **config.inc.php**. O **config.inc.php** frequentemente está na pasta C:wamp/apps/phpmyadmin. Deve-se abrir o **config.inc.php** no editor de texto e procurar a linha:

```
$cfg['Servers'][$i]['password'] = ' ';
```

Por enquanto, não se deve mudar nada na linha. Observe que a senha está em branco, pois as aspas simples estão vazias. Deve-se escrever a nova senha entre as aspas. Essa senha precisa ser a mesma escrita no 1° passo, que, no nosso exemplo, é 123. O código da linha do quadro abaixo mostra como ficará a linha após a inserção da senha.

```
$cfg['Servers'][$i]['password'] = '123';
```

Não se deve fazer qualquer alteração a mais nesse arquivo de configuração, e sim apenas inserir a nova senha do MySQL e salvar o arquivo. Depois disso, reiniciar todos os serviços no WAMP no botão "Restart All Services", como mostra a figura 74.

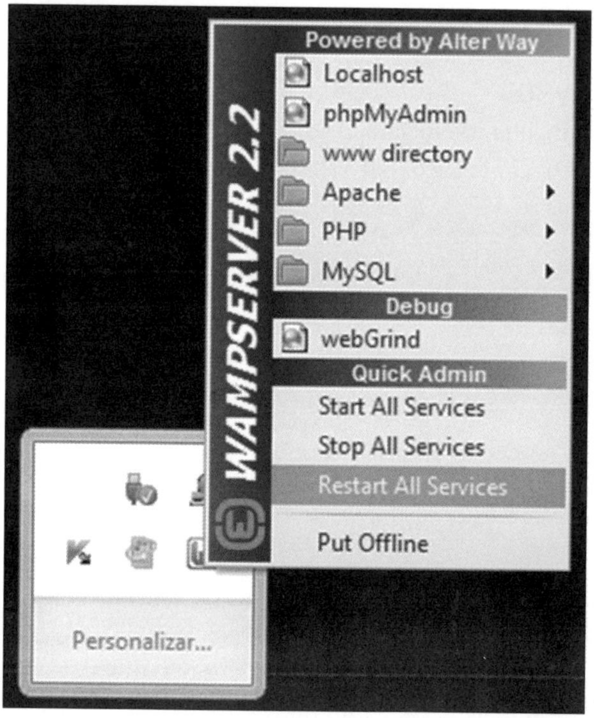

Figura 74

Conexão com o MySQL

Após apresentarmos as formas de interação com o banco de dados, vamos aprender como realmente usá-lo. Antes de fazer qualquer operação no banco, precisamos nos conectar a ele. O quadro a seguir mostra como realizar essa conexão:

```
<?php
$conexao = mysql_connect("localhost","root","123");
if (!$conexao) {
die('Não foi possível conectar ao banco de dados.
          Erro detectado: ' . mysql_error());
}
echo 'Conexão bem-sucedida.';
mysql_set_charset('utf8',$conexao);

mysql_close($conexao);
?>
```

Vamos examinar todas as linhas do código ilustrado no quadro acima. A primeira linha associa a conexão do banco a uma variável chamada `$conexão`:

Local do banco ⇩ | Usuário ⇩ | Senha ⇩

```
$conexao = mysql_connect("localhost","root","123");
```

Usamos uma função do MySQL chamada `mysql_connect` para realizar a conexão. Passamos para essa função, por parâmetro:

- O **local do banco**: se o banco estiver no computador local, geralmente usa-se `"localhost"`; caso contrário, informa-se o endereço IP do servidor.
- O **nome do usuário**: o usuário-padrão com todas as permissões de acesso ao banco. Em nosso caso, estamos usando `"root"`. Geralmente costuma-se criar um usuário para cada aplicação.
- E a **senha**: a senha de acesso cadastrada previamente; no nosso exemplo é `"123"`.

De forma genérica, a linha de conexão com o banco de dados é:

```
$variável = mysql_connect("endereço_do_
banco","usuário","senha");
```

No próximo trecho de código, copiado no quadro a seguir, a conexão é testada. Se a conexão não foi bem-sucedida `(!$conexao)`, é invocada a função `die( )` e impresso o erro na tela do navegador. Para imprimir o erro, é usada a função `mysql_error()`, a qual retorna o erro detectado pelo MySQL.

```
if (!$conexao) {
die('Não foi possível conectar ao banco de dados.
        Erro detectado: ' . mysql_error());
}
```

Mensagem de erro

Tipo de erro

Caso a conexão tenha sido bem-sucedida, a linha seguinte imprime uma mensagem na tela do navegador: `Conexão bem-sucedida`. Essa mensagem só é impressa se a função `die( )` anterior não for invocada. Depois disso, selecionamos o tipo de codificação que vamos usar no banco com o comando `mysql_set_charset('utf8',$conexao)`.

Por último, é realizado o encerramento da conexão usando-se a função `mysql_close($conexao);`, passando a variável associada à conexão por parâmetro.

Esse exemplo de código mostrou como abrir e fechar a conexão com o banco. Toda vez que desejarmos acessar o banco, seja para inserir, consultar, atualizar ou remover dados, é necessário estabelecer uma conexão, realizar a operação e, por último, fechar a conexão.

Existe também a função `mysqli_connect()` para realizar a conexão com o MySQL. Essa função está disponível a partir da versão MySQL 4.1. `Mysqli` é conhecida como MySQL Melhorada (MySQL improved) porque oferece novos recursos disponíveis nas versões mais recentes do PHP e MySQL.

Criação do banco de dados

Precisamos criar um banco para nele armazenar as tabelas com os dados. Todo banco de dados precisa de um nome. Vamos criar um banco para armazenar as informações do Sistema Acadêmico que estamos desenvolvendo. O nome do nosso banco de dados será `sis_academico`.

Agora, vamos aprender como criar esse banco por meio do código SQL inserido no código PHP e com a ferramenta phpMyAdmin.

Criação do banco no código PHP

```
<?php
$conexao = mysql_connect("localhost","root","123");
if (!$conexao) {
die('Não foi possível conectar ao banco de dados.
    Erro detectado: ' . mysql_error());
}
echo 'Conexão bem-sucedida.';


$banco = "CREATE DATABASE sis_academico";
mysql_query($banco);

mysql_close($conexao);
?>
```

Conexão com MySQL

Comando SQL

Primeiro, realizamos a conexão com o MySQL, como aprendemos na seção anterior.

O comando SQL `CREATE DATABASE` é a sintaxe SQL usada para criação do banco de dados. O nome do banco deve ser digitado em seguida. Aconselhamos que os nomes dos bancos de dados sejam escritos com letras minúsculas. Não são permitidos espaços em branco no nome do banco. Por esse motivo, usamos o underline _ no nome de nosso banco `sis_academico`.

Atenção!

Todo comando SQL deve ser finalizado com ponto e vírgula.

Em `$banco = "CREATE DATABASE sis_academico";`, o comando `"CREATE DATABASE sis_academico"` é associado à variável `$banco`. Em seguida, essa variável é passada por parâmetro à função `mysql_query($banco)`. Essa função é que faz a execução do comando SQL. Os comandos SQL neste livro serão associados a variáveis e depois executados com `mysql_query()`.

Após executar esse código, podemos ficar em dúvida se o banco foi realmente criado. Podemos então reescrever o código de forma que seja exibida uma mensagem de erro, caso o banco não tenha sido criado.

```
<?php
$conexao = mysql_connect("localhost","root","123");
if (!$conexao) {
die('Não foi possível conectar ao banco de dados.
    Erro detectado: ' . mysql_error());
}
echo 'Conexão bem-sucedida.';

$banco = "CREATE DATABASE sis_academico";

if (mysql_query($banco, $conexao)) {
echo "O banco de dados foi criado com sucesso\n";
} else {
echo 'Erro ao criar o banco de dados:' . mysql_
error();
}

mysql_close($conexao);
?>
```

⇦ Comando SQL

No código do quadro acima, a função `mysql_query()` é executada no laço `if-else`. Se a criação for bem-sucedida, o retorno será verdadeiro, e a instrução echo será executada. Caso contrário, a mensagem de erro `mysql_error()` será exibida.

Criação do banco via phpMyAdmin

Podemos também digitar o comando `CREATE DATABASE sis_academico;` diretamente na aba "SQL" do phpMyAdmin, como mostrado na figura 75.

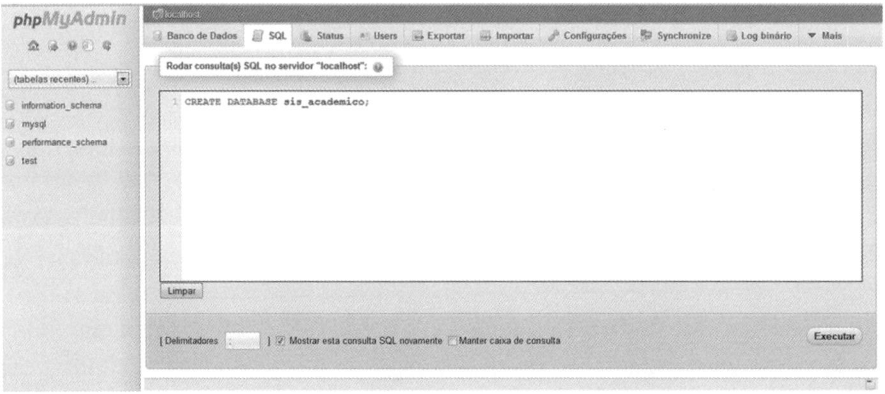

Figura 75

Não é necessário realizar um comando explícito de conexão, uma vez que o phpMyAdmin abre a conexão automaticamente quando se acessa sua interface web.

O comando genérico para criação de banco de dados é:

```
CREATE DATABASE nome_do_banco_de_dados;
```

Criação de tabelas

No MySQL, os dados são organizados em tabelas. Os bancos de dados que usam tabelas como forma de abstração para armazenar, manipular e recuperar dados estruturados são conhecidos como banco de dados relacionais.

As tabelas no banco funcionam, de maneira abstrata, como as convencionais: possuem linhas e colunas. As informações são inseridas em cada linha, de acordo com a especificação de dados das colunas. Nos bancos de dados, as tabelas têm três principais características: colunas, linhas e chave primária.

- **Colunas**: são os campos da tabela. Elas caracterizam os tipos de dados que deverão constar na tabela, ou seja, cada coluna armazenará um tipo de dado, por exemplo, dados numéricos, alfanuméricos, datas, horas, entre outros.
- **Linhas**: são os registros de dados inseridos da tabela. Cada linha da tabela corresponde a uma nova informação armazenada. Chamaremos cada linha de uma tabela de registro.
- **Chave primária**: como as linhas podem ter dados iguais, faz-se necessário um campo a mais na tabela que guarde um valor único (que não se repita) capaz de referenciar inequivocamente cada linha da tabela. Essa é a utilidade da chave primária.

Antes de escrever o código SQL para criação de tabela, precisamos planejar e pensar:

- no nome da tabela;
- quais os campos da tabela, ou seja, quais as colunas da tabela;
- para cada campo da tabela, que tipo de dado será inserido.

Vamos criar uma tabela chamada `matricula` com duas colunas:

- o nome do aluno (coluna `nome`)
- o curso em que o aluno se matriculou (coluna `curso`)

Cada uma dessas duas informações caracteriza um campo da tabela, ou seja, elas são as colunas. Além dessas duas colunas, precisamos de mais uma, que servirá como chave primária. Vamos chamá-la de `id` (coluna `id`). A figura 76 mostra uma abstração das colunas da tabela `matricula` (vazia).

id	**nome**	**curso**

Figura 76

Já escolhemos o nome da tabela e suas colunas. Vamos definir que tipo de dados cada coluna vai armazenar:

- coluna `id`: tipo numérico, e seu valor será incrementado em uma unidade automaticamente a cada registro de nova entrada na tabela.
- coluna `nome`: tipo *string*.
- coluna `curso`: tipo *string*.

Depois de todo esse planejamento, vamos escrever o código SQL para criar essa tabela. Os códigos SQL são conhecidos como *query*. Os comandos SQL geralmente são escritos com letras maiúsculas e, nos nomes das tabelas e campos, são escritos com letra minúscula. O código SQL do quadro abaixo mostra um exemplo de criação de tabela.

```
CREATE TABLE matricula
(
id INT( 10 ) AUTO_INCREMENT PRIMARY KEY ,
nome VARCHAR ( 50 ) NOT NULL ,
curso VARCHAR( 50 ) NOT NULL
);
```

Na primeira linha do quadro acima, utilizamos o comando SQL `CREATE TABLE` seguido do nome da tabela que desejamos criar. Em nosso caso, o nome da tabela é `matricula`. O restante do código delimitado por parênteses `( )` cria as colunas da tabela e é finalizado com ponto e vírgula.

Cada linha entre parênteses do quadro anterior cria as colunas (`id`, `nome` e `curso`) na tabela conforme os tipos de dados que planejamos para cada coluna. Veja a relação dos tipos dos dados:

- `INT` define que o campo será do tipo inteiro. O valor entre parênteses `( )` define o tamanho do campo.
- `AUTO_INCREMENT` é utilizado para que, a cada vez que for registrada uma nova linha na tabela, essa coluna (`id`) seja gravada automaticamente com um novo valor.
- `PRIMARY KEY` define a chave primária da tabela, isto é, o campo que serve como chave e que não pode ser repetido.
- `VARCHAR` define que o campo será do tipo *string*. O valor entre parênteses `( )` define o tamanho do campo.
- `NOT NULL` define que determinado campo seja de preenchimento obrigatório, ou seja, não pode ser deixado em branco.

Criação de tabela no phpMyAdmin

A ferramenta phpMyAdmin permite criar tabelas de duas formas: por código SQL ou preenchimento de formulário de criação de tabelas. Veremos essas duas formas adiante.

• Uso de formulários

A outra forma de criar tabela é pelo preenchimento do formulário da aba "Estrutura". Digitamos o nome da tabela (`matricula`) e o número de colunas e clicamos no botão "Executar", como na figura 77.

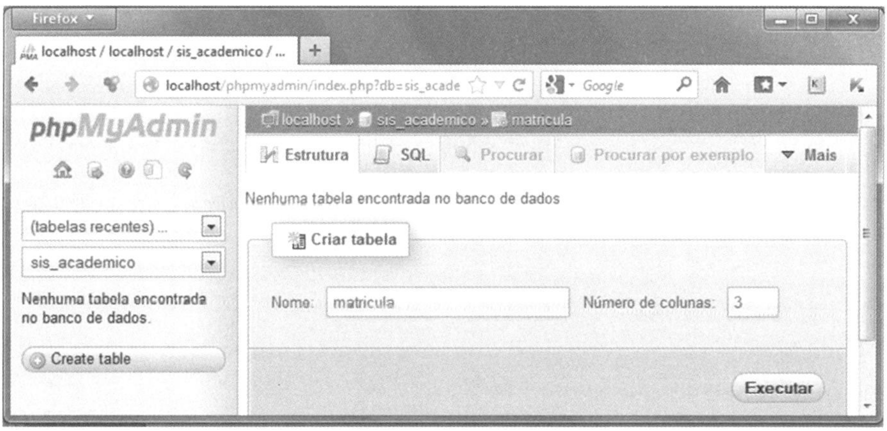

Figura 77

A tela será carregada para preenchermos os campos da tabela. Após preenchê-los, clicamos no botão "Executar", como na figura 78.

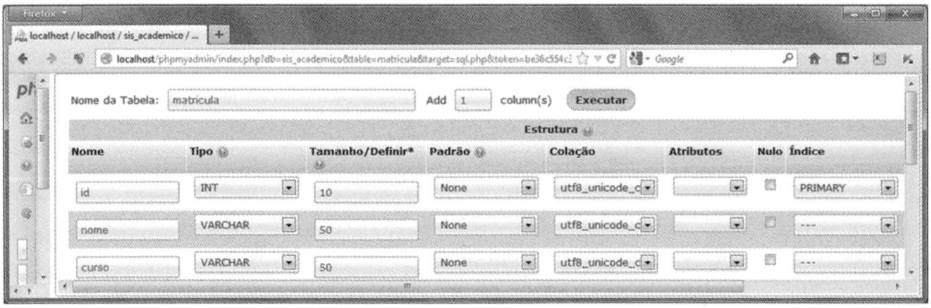

Figura 78

• Uso do código SQL

O código do quadro da página 124, pode ser executado diretamente na aba "SQL" do phpMyAdmin, como na figura 79 (código SQL para criação da tabela `matricula` no phpMyAdmin).

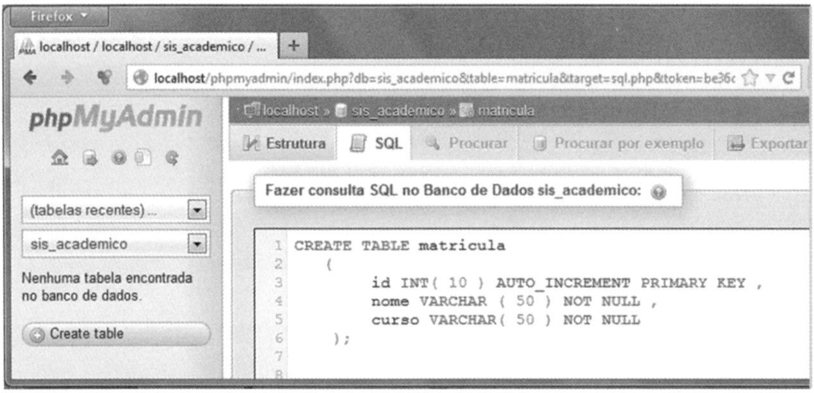

Figura 79

Embora o phpMyAdmin ofereça toda a interface web para interagir com o banco de dados, no restante do livro vamos nos limitar a apresentar os códigos SQL inseridos no PHP.

Criação de tabela no PHP

O código completo para criação da tabela `matricula` embutida no PHP pode ser visto no quadro a seguir. O código `cria_tabela.php` para criação da tabela `matricula` no banco `sis_academico`.

```
<?php
$conexao = mysql_connect("localhost","root","123");
if (!$conexao) {
die('Não foi possível conectar ao banco de dados.
                Erro detectado: ' . mysql_error());
}

mysql_set_charset('utf8',$conexao);

echo 'Conexão bem sucedida.';

mysql_select_db("sis_academico");

     $tabela_matricula = "CREATE TABLE matricula
(
id INT( 10 ) AUTO_INCREMENT PRIMARY KEY ,
nome VARCHAR ( 50 ) NOT NULL ,
curso VARCHAR( 50 ) NOT NULL ,
)";

if (mysql_query($tabela_matricula, $conexao)) {
echo "a tabela matricula foi criada com sucesso\n";
} else {
echo 'Erro ao criar tabela matricula: '.
                 mysql_error() . "\n";
}

     mysql_close($conexao);
?>
```

Conexão com o banco

Função MySQL para seleção da codificação de dados do banco

Função MySQL para seleção do banco

Código SQL para criação da tabela associada a variável

Encerramento da conexão

Primeiramente, fazemos a conexão com o banco de dados, conforme vimos anteriormente. Selecionamos o banco de dados com o comando `mysql_select_db( )`, passando por parâmetro o nome do banco entre aspas `mysql_select_db("sis_academico");`.

Depois, associamos o código SQL de criação da tabela à variável `$tabela_matricula` no trecho de código:

```
$tabela_matricula = "CREATE TABLE matricula
(
id INT( 10 ) AUTO_INCREMENT PRIMARY KEY ,
nome VARCHAR ( 50 ) NOT NULL ,
curso VARCHAR( 50 ) NOT NULL ,
data_matricula DATE NOT NULL
)";
```

Esse é um trecho de código de preparação da *query* de criação da tabela `matricula`.

Em seguida, executamos o comando SQL com a função `mysql_query ($tabela_matricula, $conexao)` e testamos se a tabela foi criada corretamente. Caso contrário, será exibida uma mensagem de erro. O quadro abaixo apresenta um trecho de código `cria_tabela.php`.

```
if (mysql_query($tabela_matricula, $conexao)) {
echo "a tabela matricula foi criada com sucesso\n";
} else {
echo 'Erro ao criar tabela matricula: '.
                 mysql_error() . "\n";
}
```

Depois, a conexão é encerrada com o comando `mysql_close($conexao);`.

Veja o resultado da execução do código `cria_tabela.php` na figura 80.

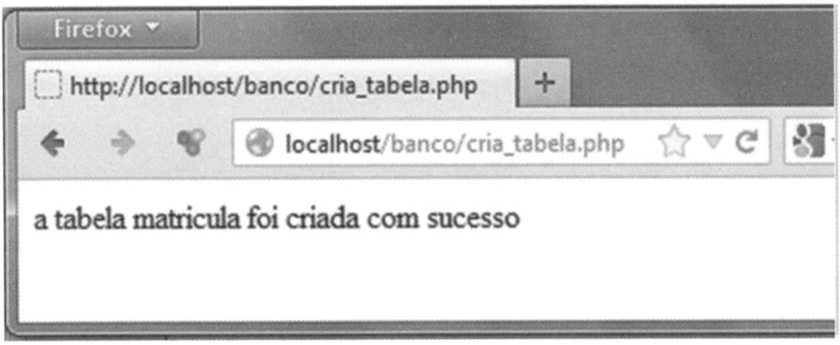

Figura 80

O comando SQL genérico para criação de tabela é:

```
CREATE TABLE nome_da_tabela
(
campo1 tipo_da_coluna PRIMARY KEY ,
campo2 tipo_da_coluna ,
campo3 tipo_da_coluna
);
```

Nesse código SQL genérico, temos a criação de uma tabela (`nome_da_tabela`) com três colunas (`campo1`, `campo2` e `campo3`). Entretanto, o número de colunas pode variar de acordo com a necessidade dos dados a serem armazenados na tabela.

Inserção de dados no banco

Podemos inserir dados de um formulário diretamente na tabela do banco. Para exemplificar, usamos o código do formulário de matrícula em curso apresentado no quadro da página 84.

```
<html>
<head>
  <title>Cadastro de curso</title>
</head>
<body>
  <h2>Cadastro de curso</h2>
  <form method="post" action="cadastromatricula.php"/>
<label for="aluno">Nome:</label>
<input type="text" id="aluno" name="aluno" /><br />
<label for="curso">Curso: </label>
<input type="text" id="curso" name="curso" /><br />
<input type="reset" value="Limpar" name="limpar" />
<input type="submit" value="Enviar" name="submit" />
  </form>
</body>
</html>
```

Na figura 81, a tela do formulário de matrícula.

Figura 81

Os campos do formulário nós já conhecemos. Fizemos apenas uma alteração: o código PHP que vai tratar os dados digitados. Agora, neste formulário, usaremos o código `cadastromatricula.php`, como visto na linha:

```
<form method="post" action="cadastromatricula.php">
```

A seguir, vemos o código PHP de `cadastromatricula.php`, para inserir dados do formulário na tabela `matricula`.

```
<?php
$nome = $_POST['aluno'];
$curso = $_POST['curso'];
require("conexao.php");
mysql_select_db("sis_academico");

$inserir = " INSERT INTO matricula
            ( id, nome , curso)
     VALUES (' ','$nome','$curso' ) ";

mysql_query($inserir);

?>
```

No código do quadro anterior, as primeiras linhas associam as variáveis `$nome` e `$curso` aos campos do formulário `aluno` e `curso`, respectivamente, por meio de `$_POST`.

Antes de inserir dados na tabela, é necessário fazer a conexão com o banco. O código de conexão é o mesmo que aprendemos na seção "Conexão com o MySQL" (p. 118). Para não repeti-lo, criamos um arquivo separado chamado **conexao.php** e copiamos o código de conexão que já aprendemos. Seu código está no quadro da página 122. Retiramos a linha de `echo` e as linhas de encerramento de conexão. O código `conexao.php` a seguir deve estar salvo no mesmo diretório que o código `cadastromatricula.php`.

```
<?php
$conexao = mysql_connect("localhost","root","123");
if (!$conexao) {
die('Não foi possível conectar ao banco de dados.
```

```
            Erro detectado: ' . mysql_error());
}
mysql_set_charset('utf8',$conexao);
?>
```

Toda vez que precisarmos fazer conexão com o banco, basta incluir `require("conexao.php")`. Essa função inclui e executa o código que for passado como parâmetro. No nosso exemplo, ela executa `conexao.php`.

Após a execução de `require("conexao.php")`, a conexão será estabelecida com o banco. Depois, escolhemos o banco de dados na linha `mysql_select_db("sis_academico");`.

Para inserir, de fato, os dados coletados no formulário, é preciso usar o comando `INSERT` do SQL. O quadro a seguir mostra um trecho de código SQL para inserir dados em tabela.

```
$inserir = " INSERT INTO matricula
            ( id, nome , curso)
      VALUES (' ','$nome','$curso' ) ";
```

Usamos a variável `$inserir` para associá-la ao comando `INSERT` do SQL. Para criar a *query* SQL, usamos `INSERT INTO` seguido do nome da tabela `matricula`. Depois, escrevemos entre parênteses `( )` o nome das colunas da tabela, ordenadamente: `(id, nome,curso)`. Em seguida, escrevemos `VALUES` e colocamos entre `( )` os valores a serem inseridos em cada coluna, cada um deles entre aspas simples: `(' ','$nome','$curso')`. O primeiro dado a ser inserido está em branco, porque esse dado corresponde ao campo `id` da tabela, que é `AUTO_INCREMENT`, ou seja, ele é gerado automaticamente pelo banco de dados. Cada dado a ser inserido corresponde a uma variável do formulário.

Atenção!

Devemos estar atentos para que a ordem dos valores a serem informados no comando `INSERT` seja a mesma ordem do nome das colunas.

De fato, executamos a inserção com o comando `mysql_query($inserir);`. Em geral, os comandos SQL serão associados a variáveis e depois executados com `mysql_query()`.

Podemos inserir os dados de alunos no formulário. O exemplo da figura 82 mostra o cadastro do aluno “Rodrigo Araújo” no curso de “Desenvolvimento Web”.

Figura 82

O comando SQL genérico para inserção de dados na tabela é:

```
INSERT INTO nome_da_tabela
( coluna1, coluna2 , coluna3)
VALUES (‘dado1’,’dado2’,’dado3’) ;
```

A quantidade de colunas depende da quantidade de campos que foram determinados na criação da tabela, do mesmo jeito que a quantidade de dados a serem informados depende da quantidade e da ordem dos campos das colunas.

Consulta de dados

Após adicionarmos todos os nomes dos alunos e seus respectivos cursos no banco, desejamos consultar esses dados do banco e exibi-los no navegador. Para isso, usamos o comando `SELECT` do SQL.

Observe o código `lendo_dados.php` a seguir:

```
<?php
require(“conexao.php”);

mysql_select_db(“sis_academico”);

$consulta = “SELECT * FROM matricula”;
```

```
$matricula= mysql_query($consulta);

while($array = mysql_fetch_array($matricula))
{
  echo $array['id'] . " - ".
      " Aluno: " . $array['nome'].
      " Curso: ".$array['curso']." <br />";
}
?>
```

Como já vimos, a conexão com `require("conexao.php")` é realizada, e selecionamos o banco de dados com `mysql_select_db("sis_academico")`.

Realizamos a leitura de dados usando o comando SQL `"SELECT * FROM matricula"`. O asterisco * indica que todos os campos da tabela estão selecionados, e `matricula` é o nome da tabela na qual desejamos que os dados sejam exibidos. Essa consulta está associada à variável `$consulta`, que será efetivamente executada na linha `$matricula= mysql_query($consulta)`. Essa linha busca todos os campos da tabela `matricula` e associa o resultado à variável `$matricula`.

Em seguida, utilizamos a estrutura de repetição `while` e criamos um *array* com o resultado da consulta SQL por meio da função `mysql_fetch_array`. Essa função faz com que, enquanto haja registros da consulta (que está na variável `$matricula`), eles sejam associados a `$array`. Por último, o comando `echo` exibe os dados na tela do navegador.

Veja o resultado do código `lendo_dados.php` na figura 83.

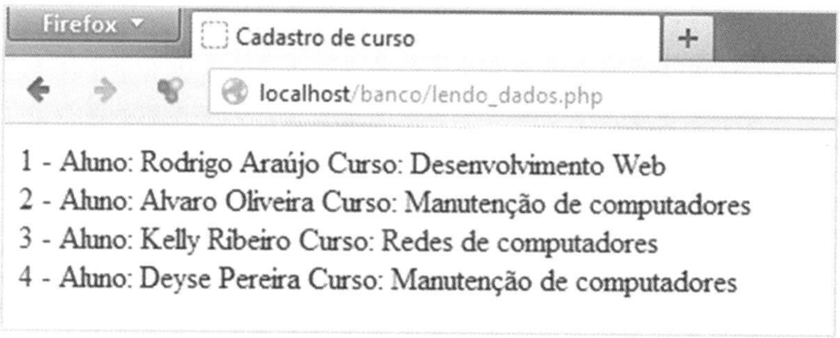

Figura 83

Atualização de dados

Já vimos como criar o banco de dados, as tabelas, inserir informações e também como consultá-las. Outro item importante é o comando de atualização de dados da tabela. O comando SQL que usamos para interagir com o banco, a fim de realizar alterações de dados, é o UPDATE. Em seguida, veremos como alterar dados já inseridos no banco.

No nosso exemplo do sistema acadêmico, o aluno "Rodrigo Araújo" preencheu o nome do curso com "Desenvolvimento Web", como vimos na figura 83. Nós queremos mudar esse nome para "Programação Web". O código atualizar_curso.php do quadro abaixo mostra como fazer isso.

```
<?php
require("conexao.php");
mysql_select_db("sis_academico");
$novo_curso = 'Programação Web';
$atualizar = "UPDATE matricula SET curso='$novo_
curso'
WHERE curso='Desenvolvimento Web' ";
mysql_query( $atualizar);
mysql_close($conexao);
?>
```

Mais uma vez, fazemos a conexão com require("conexao.php") e selecionamos o banco de dados com mysql_select_db("sis_academico"). Usamos a variável $novo_curso com o valor do campo a ser alterado (Programação Web).

A variável $atualizar está associada ao comando SQL para atualizar o curso do aluno. Digitamos o comando SQL UPDATE, seguido do nome da tabela que se deseja alterar (matricula); seguido de SET; que é seguido do campo da tabela que se deseja alterar (curso), associando a ele o valor atualizado. No nosso exemplo, esse valor está na variável $novo_curso. Depois, fazemos um filtro para identificar em qual linha a atualização deve ser realizada. Escrevemos WHERE curso='Desenvolvimento Web', pois queremos fazer um filtro para que sejam alteradas todas as linhas da tabela que tenham curso com "Desenvolvimento Web".

Quando executarmos o código `atualizar_curso.php` e depois chamarmos o código `lendo_dados.php` (do quadro da página 132), vamos visualizar o seguinte resultado:

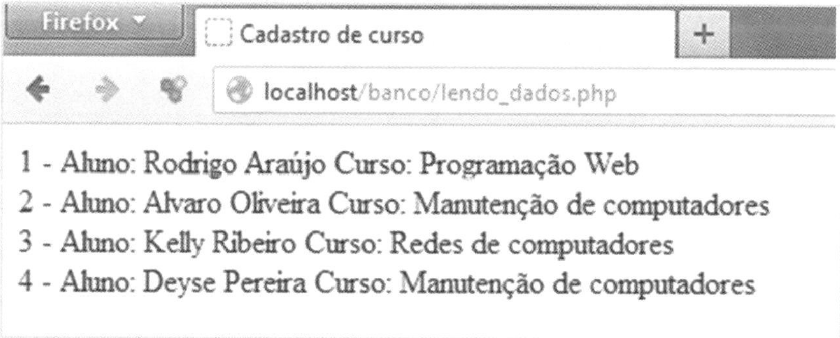

Figura 84

Observe na figura 84 que apenas o curso do aluno "Rodrigo Araújo" foi alterado. Todas as outras informações continuam da mesma forma que na figura 82. Se não forem informadas quais linhas devem ser alteradas com `WHERE` no SQL, todo o banco será atualizado.

O comando SQL genérico para atualização de dados na tabela é:

```
UPDATE nome_tabela
SET campo = "novo_valor"
WHERE condição
```

Apagando dados (delete)

O último comando SQL que vamos aprender é o comando de apagar dados do banco. Este comando é útil quando precisamos eliminar um registro de determinada tabela. Veremos em seguida como apagar um registro de uma tabela e uma tabela do banco.

Apagando dados da tabela

Vamos supor que a aluna "Deyse Pereira" tenha desistido de cursar "Manutenção de computadores". Então, desejamos remover seu registro da tabela `matricula`. O código `apagar_registro.php` a seguir mostra como fazer essa remoção.

```
<?php
require("conexao.php");
mysql_select_db("sis_academico");
$apagar = "DELETE FROM matricula
WHERE nome='Deyse Pereira' ";
mysql_query( $apagar);

mysql_close($conexao);
?>
```

Iniciamos o código fazendo a conexão com `require("conexao.php")` e selecionamos o banco de dados com `mysql_select_db("sis_academico")`. Usamos a variável `$apagar`, associando-a ao comando SQL para remover o registro. Digitamos, entre aspas, o comando SQL `DELETE FROM` seguido do nome da tabela `matricula` e fazemos o filtro de qual registro apagar usando `WHERE nome='Deyse Pereira'`. No nosso caso, queremos o registro onde o campo `nome` é `'Deyse Pereira'`.

Quando executarmos o código `apagar_registro.php` e depois chamarmos o código `lendo_dados.php` (do quadro da página 132), vamos visualizar o seguinte resultado:

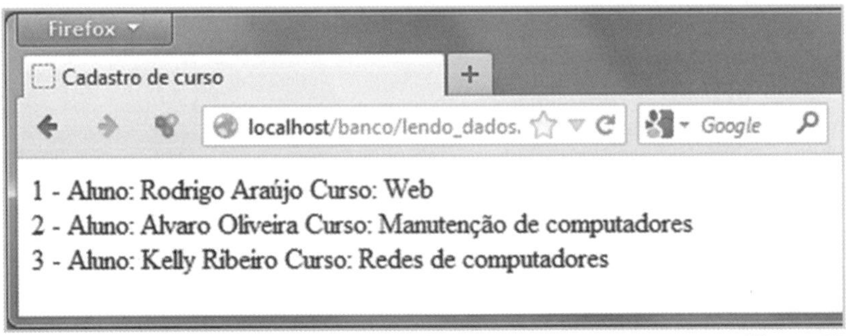

Figura 85

Observe que o registro da aluna "Deyse Pereira" foi apagado da tabela. Os demais registros não foram afetados pelo código `apagar_registro.php`. Caso desejássemos apagar todos os registros da tabela `matricula`, deveríamos remover a condição `WHERE nome='Deyse Pereira'` e usar apenas o comando `$apagar = "DELETE FROM matricula"`. Dessa forma, todos os registros da tabela seriam apagados.

O comando genérico para apagar registros das tabelas é:

```
DELETE FROM nome_tabela
WHERE condição;
```

Apagando tabela

O código `apagar_tabela.php` a seguir mostra o comando para remover a tabela completa do banco. Devemos ter muito cuidado ao usar esse comando, pois, uma vez que a tabela seja apagada, não há como recuperar seus dados.

```
<?php
require("conexao.php");

mysql_select_db("sis_academico");

$apagar = "DROP TABLE matricula";

if (mysql_query($apagar))
echo "Tabela apagada corretamente.";
else
echo "Erro ao tentar apagar a tabela: " . mysql_
error();

?>
```

Como já sabemos, iniciamos o código fazendo a conexão com `require("conexao.php")` e selecionamos o banco de dados com `mysql _ select _ db("sis_academico")`. Usamos a variável `$apagar` para associar a ela o comando SQL a fim de apagar a tabela. Digitamos, entre aspas, o comando SQL `DROP TABLE` seguido do nome da tabela `matricula`. Depois, usamos a estrutura condicional `if` para saber se a tabela foi apagada corretamente. Caso o código SQL seja executado corretamente, aparecerá na tela a mensagem da figura 86. Caso contrário, é retornado o erro que impossibilitou o apagamento da tabela.

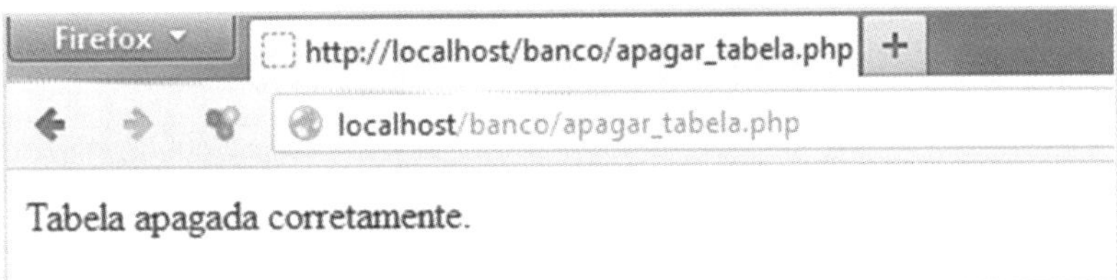

Figura 86

O comando SQL genérico para apagar tabelas é:

```
DROP TABLE nome_tabela;
```

<<<<<>6

SISTEMA DE CONTROLE ACADÊMICO

Após nosso estudo sobre PHP e banco de dados, estamos aptos a construir um sistema de controle acadêmico. Os exemplos que vimos ao longo do livro foram pontuais para exemplificar um determinado assunto. Aqui, mostramos todo o processo de criação de código PHP e SQL.

O sistema de controle acadêmico mostrado abrange o cadastro de alunos, professores, cursos, disciplinas e turmas, como também a matrícula de aluno em curso e em turmas. Já na parte de consultas, podemos consultar:

1. Qual o coordenador(a) de um curso selecionado;
2. Qual o professor(a) de uma disciplina selecionada;
3. Quais as disciplinas de um curso selecionado;
4. Quais alunos(as) estão matriculados(as) em um curso selecionado;
5. Quais alunos(as) estão matriculados(as) em uma turma selecionada.

Para iniciar, criamos o banco de dados com o comando:

```
create database 'sis_academico';
```

na aba "SQL" na ferramenta PHPMyAdmin. Usaremos o mesmo arquivo de conexão com o banco (**conexao.php**) apresentado no capítulo 5. É importante ressaltar que omitimos a etapa de checagem dos dados antes de inseri-los no banco.

Cadastro de alunos

A figura 87 mostra o formulário de cadastro de aluno. Nele, informamos os dados pessoais do aluno, como nome, CPF, endereço, cidade, estado e telefone.

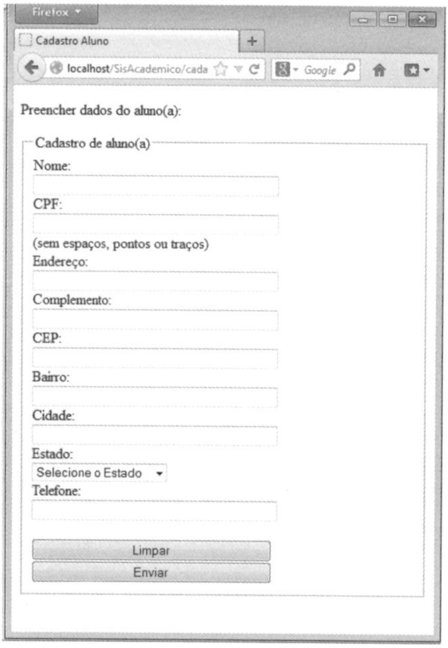

Figura 87

O código referente ao formulário de cadastro de aluno está exibido no quadro a seguir. Observe que a seleção do estado é realizada por meio de um `<select>` no formulário.

```
<body>
    <p>Preencher dados do aluno(a): </p>
    <fieldset><legend> Cadastro de aluno(a)</legend>
    <form method="post" action="cadastro_aluno.php">
    <label for="aluno">Nome:</label>
        <input type="text" id="aluno" name="aluno" /><br />
        <label for="cpf">CPF:</label>
        <input type="text" id="cpf" name="cpf"/> <br />
(sem espaços, pontos ou traços) <br />
        <label for="endereco">Endereço:</label>
        <input type="text" id="endereco" name="endereco"
/><br />
        <label for="complemento">Complemento: </label>
        <input type="text" id="complemento"
name="complemento" /><br />
        <label for="cep">CEP: </label>
        <input type="text" id="cep" name="cep" /><br />
        <label for="bairro">Bairro: </label>
        <input type="text" id="bairro" name="bairro" /><br />
        <label for="cidade">Cidade: </label>
        <input type="text" id="cidade" name="cidade" /><br />
        <label for="estado">Estado: </label>
        <select name="estado" id="select">
```

```
            <option value="">Selecione o Estado</option>
            <option value="ac">Acre</option>
            <option value="al">Alagoas</option>
            <option value="ap">Amapá</option>
            <option value="am">Amazonas</option>
            <option value="ba">Bahia</option>
            <option value="ce">Ceará</option>
            <option value="df">Distrito Federal</option>
            <option value="es">Espírito Santo</option>
            <option value="go">Goiás</option>
            <option value="ma">Maranhão</option>
            <option value="ms">Mato Grosso do Sul</option>
            <option value="mt">Mato Grosso</option>
            <option value="mg">Minas Gerais</option>
            <option value="pa">Pará</option>
            <option value="pb">Paraíba</option>
            <option value="pr">Paraná</option>
            <option value="pe">Pernambuco</option>
            <option value="pi">Piauí</option>
            <option value="rj">Rio de Janeiro</option>
            <option value="rn">Rio Grande do Norte</option>
            <option value="rs">Rio Grande do Sul</option>
            <option value="ro">Rondônia</option>
            <option value="rr">Roraima</option>
            <option value="sc">Santa Catarina</option>
            <option value="sp">São Paulo</option>
            <option value="se">Sergipe</option>
            <option value="to">Tocantins</option>
            </select>
    <br />
            <label for="telefone">Telefone: </label>
            <input type="text" id="telefone"
name="telefone" /><br />

    <br />
            <input type="reset" value="Limpar"
name="limpar" >
            <input type="submit" value="Enviar"
name="submit" />
    </form>
    </fieldset>
</body>
```

Agora, criamos a tabela que irá guardar os dados do aluno. O quadro a seguir mostra o código SQL de criação da nova tabela `aluno`. A chave primária dessa tabela é o CPF do aluno (`campo cpf`).

```
CREATE TABLE aluno
    (
        cpf CHAR( 11 ) PRIMARY KEY ,
        nome VARCHAR ( 100 ) NOT NULL ,
        endereco VARCHAR ( 100 ) NOT NULL ,
        complemento VARCHAR ( 100 ) ,
        cep CHAR ( 8 ) ,
        bairro VARCHAR ( 25 ) NOT NULL ,
        cidade VARCHAR ( 50 ) NOT NULL ,
        estado CHAR ( 2 ) NOT NULL,
        telefone CHAR ( 11 )

    );
```

O código `cadastro_aluno.php` faz o cadastro dos dados do formulário na tabela e é mostrado no quadro abaixo. No código, são obtidos os dados informados no formulário e salvos para variáveis locais. Depois, é realizada a conexão com o banco (`require("conexao.php");`) e em seguida, é feita a inserção dos dados obtidos no formulário por meio da instrução SQL.

```
<?php
    $nome = $_POST['aluno'];
    $cpf = $_POST['cpf'];
    $endereco = $_POST['endereco'];
    $complemento = $_POST['complemento'];
    $cep = $_POST['cep'];
    $bairro = $_POST['bairro'];
    $cidade = $_POST['cidade'];
    $estado = $_POST['estado'];
    $telefone = $_POST['telefone'];

    require("conexao.php");

    mysql_select_db("sis_academico");

    $inserir = " INSERT INTO aluno
            ( cpf, nome , endereco, complemento, cep,
bairro, cidade, estado, telefone)
        VALUES ( '$cpf', '$nome' , '$endereco',
'$complemento', '$cep', '$bairro', '$cidade',
'$estado', '$telefone' ) ";
```

```
    mysql_query($inserir);

    mysql_close($conexao);

?>
```

Cadastro de professor

De maneira semelhante ao cadastro de alunos, fazemos o formulário do cadastro de professor. Solicitamos os dados pessoais e acrescentamos informações acadêmicas, como a formação do professor. A figura 88 mostra a tela de cadastro de professor.

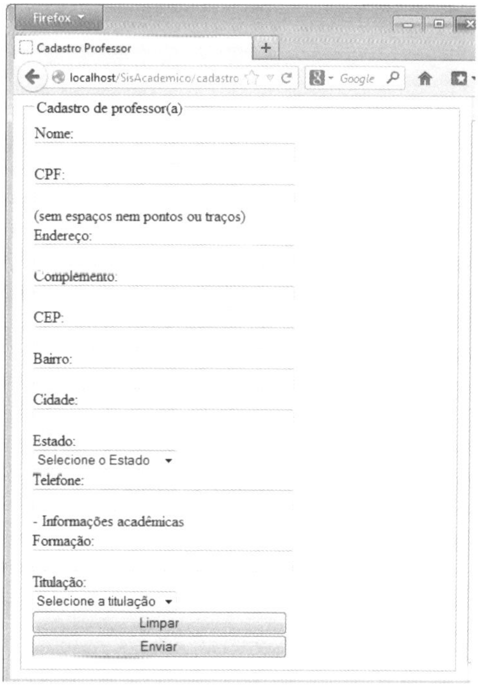

Figura 88

O quadro a seguir mostra o código HTML desse formulário. Observe que além dos estados, a seleção da titulação do professor é feito mediante <select> no formulário.

```
<fieldset><legend> Cadastro de professor(a)</legend>
    <form method="post" action="cadastro_professor.php">
        <label for="nome">Nome:</label>
        <input type="text" id="nome" name="nome" /><br />
        <label for="cpf">CPF:</label>
        <input type="text" id="cpf" name="cpf"/> <br />
```

```
(sem espaços nem pontos ou traços) <br />
<label for="endereco">Endereço:</label>
<input type="text" id="endereco" name="endereco"
/><br />
<label for="complemento">Complemento: </label>
<input type="text" id="complemento"
name="complemento" /><br />
<label for="cep">CEP: </label>
<input type="text" id="cep" name="cep" /><br />
<label for="bairro">Bairro: </label>
<input type="text" id="bairro" name="bairro" /><br />
<label for="cidade">Cidade: </label>
<input type="text" id="cidade" name="cidade" /><br />
<label for="estado">Estado: </label>
<select name="estado" id="select">
    <option value="">Selecione o Estado</option>
    <option value="ac">Acre</option>
    <option value="al">Alagoas</option>
    <option value="ap">Amapá</option>
    <option value="am">Amazonas</option>
    <option value="ba">Bahia</option>
    <option value="ce">Ceará</option>
    <option value="df">Distrito Federal</option>
    <option value="es">Espírito Santo</option>
    <option value="go">Goiás</option>
    <option value="ma">Maranhão</option>
    <option value="ms">Mato Grosso do Sul</option>
    <option value="mt">Mato Grosso</option>
    <option value="mg">Minas Gerais</option>
    <option value="pa">Pará</option>
    <option value="pb">Paraíba</option>
    <option value="pr">Paraná</option>
    <option value="pe">Pernambuco</option>
    <option value="pi">Piauí</option>
    <option value="rj">Rio de Janeiro</option>
    <option value="rn">Rio Grande do Norte</option>
    <option value="rs">Rio Grande do Sul</option>
    <option value="ro">Rondônia</option>
    <option value="rr">Roraima</option>
    <option value="sc">Santa Catarina</option>
    <option value="sp">São Paulo</option>
    <option value="se">Sergipe</option>
    <option value="to">Tocantins</option>
```

```
                </select>
            <br />
            <label for="telefone">Telefone: </label>
            <input type="text" id="telefone" name="telefone" /><br/>
            - Informações acadêmicas<br />
            <label for="formacao">Formação:</label>
            <input type="text" id="formacao" name="formacao" /><br />
            <label for="titulacao">Titulação: </label>
            <select name="titulacao" id="select">
                  <option value="">Selecione a titulação</option>
                  <option value="graduação">Graduação</option>
                  <option value="mestrado">Mestrado</option>
                  <option value="doutorado">Doutorado</option>
                  </select>

            <br />
            <input type="reset" value="Limpar" name="limpar" >
            <input type="submit" value="Enviar" name="submit"
/>
</form>
</fieldset>
```

A tabela `professor` no banco é semelhante à tabela `aluno`, acrescentando os campos de formação e titulação. O CPF do professor também é a chave primária da tabela. O quadro abaixo mostra o código SQL de criação da tabela `professor` no banco.

```
 CREATE TABLE professor
      (
               cpf CHAR( 11 ) PRIMARY KEY ,
               nome VARCHAR ( 100 ) NOT NULL ,
               endereco VARCHAR ( 100 ) NOT NULL ,
               complemento VARCHAR ( 100 ) ,
               cep CHAR ( 8 ) ,
               bairro VARCHAR ( 25 ) NOT NULL ,
               cidade VARCHAR ( 50 ) NOT NULL ,
               estado CHAR ( 2 ) NOT NULL,
               telefone CHAR ( 11 ) ,
               formacao VARCHAR (25) ,
               titulacao CHAR(10)
      );
```

Para inserir os dados do formulário na tabela criada, usamos o código cadastro_professor.php do quadro abaixo. Ele segue o mesmo raciocínio da inserção de dados do aluno.

```
<?php
    $nome = $_POST['nome'];
    $cpf = $_POST['cpf'];
    $endereco = $_POST['endereco'];
    $complemento = $_POST['complemento'];
    $cep = $_POST['cep'];
    $bairro = $_POST['bairro'];
    $cidade = $_POST['cidade'];
    $estado = $_POST['estado'];
    $telefone = $_POST['telefone'];
    $formacao = $_POST['formacao'];
    $titulacao = $_POST['titulacao'];

    require("conexao.php");
    mysql_select_db("sis_academico");

    $inserir = " INSERT INTO professor
            ( cpf, nome , endereco, complemento, cep,
bairro, cidade, estado, telefone, formacao, titulacao)
            VALUES ( '$cpf', '$nome' , '$endereco',
'$complemento', '$cep', '$bairro', '$cidade',
'$estado', '$telefone','$formacao', '$titulacao'  ) ";

    mysql_query($inserir);
    mysql_close($conexao);
?>
```

Cadastro de curso

A tela do formulário de cadastro de curso é mostrada na figura 89. Ela contém informações básicas a respeito do curso, como nome do curso, tempo de duração em meses, professor, coordenador, nível e modalidade de oferta do curso. A seleção do nível do curso e da modalidade acontece por meio de um <select> no formulário, semelhante à seleção do estado nos formulários de cadastro de aluno e professor vistos anteriormente.

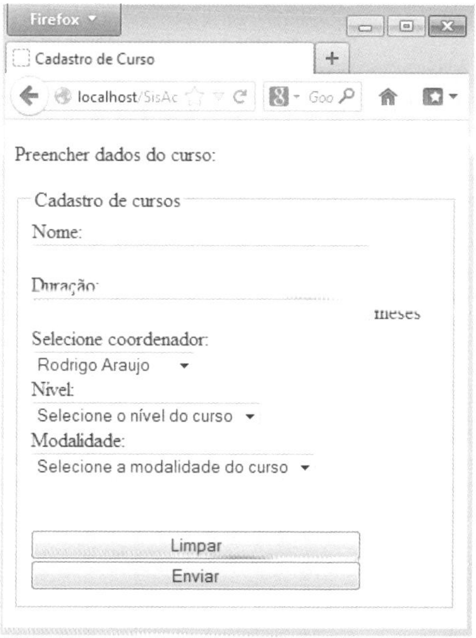

Figura 89

Um diferencial nesse formulário é que a seleção do coordenador é feita selecionando um professor já cadastrado no banco por meio de um `<select>` do formulário. Isso é feito para evitar que um professor seja cadastrado como coordenador sem possuir registro na tabela de professor. Assim, as opções de coordenador de curso ficam restritas aos professores previamente cadastrados. O código do formulário é mostrado no quadro a seguir.

```
<p>Preencher dados do curso: </p>
<fieldset><legend> Cadastro de cursos</legend>
<form method="post" action="cadastro_curso.php">
<label for="nome">Nome:</label>
<input type="text" id="nome" name="nome" /><br />
<label for="duracao">Duração:</label>
<input type="text" id="duracao" name="duracao"/> meses<br />
<label for="coordenador">Selecione coordenador:</label>
<select name="coordenador" id="select">
<?php
require("conexao.php");
mysql_select_db("sis_academico");

$consulta=mysql_query("SELECT cpf, nome FROM
professor");
while ($dados = mysql_fetch_array($consulta)) {
echo("<option value='".$dados['cpf']."'>".$dados['no
me']."</option>");
}
?>
</select>
```

```
<br />
<label for="nivel">Nível:</label>
<select name="nivel" id="select">
    <option value="">Selecione o nível do curso</option>
    <option value="técnico">Técnico</option>
    <option value="tecnólogo">Tecnólogo</option>
    <option value="bacharelado">Bacharelado</option>
    <option value="licenciatura">Licenciatura</option>
    <option value="especialização">Especialização</option>
</select>
<br />
<label for="modalidade">Modalidade:</label>
    <select name="modalidade" id="select">
    <option value="">Selecione a modalidade do curso</
option>
    <option value="presencial">Presencial</option>
    <option value="à distancia">À distância</option>
    </select>
<br /> <br />
    <input type="reset" value="Limpar" name="limpar" >
    <input type="submit" value="Enviar" name="submit" />
 </form>
 </fieldset>
```

Os nomes dos professores cadastrados no banco são exibidos no `<select>` do formulário mediante consulta à tabela `professor`. O quadro a seguir mostra o código PHP destacado, pertencente ao formulário. Nele, fazemos uma conexão com o banco e uma consulta à tabela `professor`. Na consulta, são obtidos o CPF e o nome de cada professor cadastrado. O nome do professor é exibido no `<select>` e o CPF será o valor cadastrado no banco. Por conter código PHP no formulário, ele precisar ser salvo com extensão `.php`.

```
<label for="coordenador">Selecione coordenador:</
label>
<select name="coordenador" id="select">
<?php
  require("conexao.php");
  mysql_select_db("sis_academico");
  $consulta=mysql_query("SELECT cpf, nome FROM
professor");
```

```
  while ($dados = mysql_fetch_array($consulta)) {
    echo("<option value='".$dados['cpf']."'>".$dados['
nome']."</option>");
  }
 ?>
  </select>
```

Nesse caso, precisa existir um vínculo entre a tabela `professor` e a tabela `curso`. Esse vínculo é feito mediante uma **chave estrangeira**. Na tabela `curso`, há um campo (`coordenador`) que referencia o campo da chave primária da tabela `professor (cpf)`. Observamos esse vínculo na última linha do código SQL da tabela `curso` no quadro abaixo.

```
CREATE TABLE curso
      (
      id_curso INT( 10 ) AUTO INCREMENT PRIMARY KEY ,
      nome VARCHAR ( 100 ) NOT NULL ,
         duracao VARCHAR ( 100 ) ,
         coordenador CHAR ( 11 ) ,
         nivel VARCHAR ( 25 ) ,
         complemento VARCHAR ( 50 ) ,
         FOREIGN KEY (coordenador) REFERENCES
professor(cpf)
      );
```

O código PHP `cadastro_curso.php` que faz a inserção dos dados do formulário no banco é mostrado no quadro abaixo.

```
<?php
    $nome = $_POST['nome'];
    $duracao = $_POST['duracao'];
    $coordenador = $_POST['coordenador'];
    $nivel = $_POST['nivel'];
    $modalidade = $_POST['modalidade'];
    require("conexao.php");
    mysql_select_db("sis_academico");
    $inserir = " INSERT INTO curso
```

```
    ( id_curso, nome , duracao, coordenador, nivel,
modalidade)
VALUES ( ' ', '$nome' , '$duracao', '$coordenador',
'$nivel', '$modalidade') ";

mysql_query($inserir);

mysql_close($conexao);

?>
```

Matrícula em curso

A figura 90 mostra o formulário de matrícula de aluno em curso. Nele, selecionamos o nome do aluno e o curso.

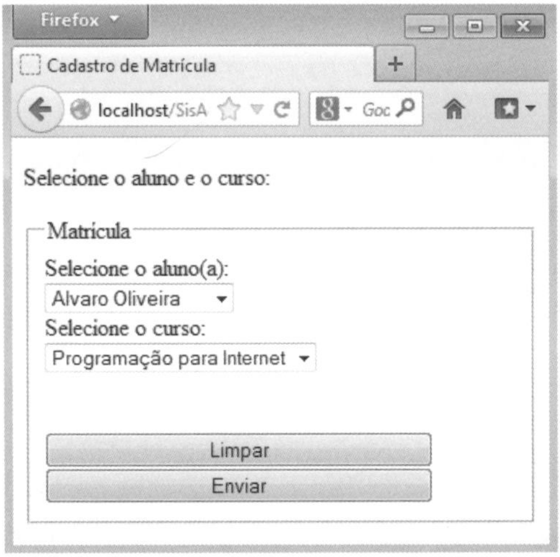

Figura 90

O código referente ao formulário está no quadro a seguir. Observamos que o aluno e o curso são selecionados em um `<select>` no formulário. Esse `<select>` faz uma consulta ao banco, retornando o nome dos alunos e dos cursos, já previamente cadastrados no banco. Os valores que serão inseridos no banco (retornados pelo formulário) são o CPF do aluno e o identificador do curso (`id_curso`), pois ambos são as chaves primárias das tabelas `aluno` e `curso`, respectivamente.

```
<p>Selecione o aluno e o curso: </p>
<fieldset><legend> Matrícula</legend>
<form method="post" action="cadastro_matricula.php">
<label for="aluno">Selecione o aluno(a):</label>
<select name="aluno" id="select">
<?php
    require("conexao.php");
    mysql_select_db("sis_academico");
    $consulta=mysql_query("SELECT cpf, nome FROM aluno");
    while ($dados = mysql_fetch_array($consulta)) {
    echo("<option value='".$dados['cpf']."'>".$dados['
nome']."</option>");
    }
?>
</select>
<br />

<label for="curso">Selecione o curso:</label>
<select name="curso" id="select">
<?php
    require("conexao.php");
    mysql_select_db("sis_academico");
    $consulta=mysql_query("SELECT id_curso, nome FROM
curso");
    while ($dados = mysql_fetch_array($consulta)) {
    echo("<option value='".$dados['id_
curso']."'>".$dados['nome']."</option>");
                        }
?>
</select>

<br /> <br />
 <input type="reset" value="Limpar" name="limpar" >
 <input type="submit" value="Enviar" name="submit" />
 </form>
 </fieldset>
```

O código SQL que cria a tabela matricula está no quadro abaixo. Nele, temos as duas chaves estrangeira de id_aluno (CPF) da tabela aluno e id_curso da tabela curso.

```
CREATE TABLE matricula
    (
    id_matricula INT( 10 ) AUTO_INCREMENT NOT NULL
PRIMARY KEY,
        id_curso INT(10 ) ,
```

```
        id_aluno CHAR (11),
        FOREIGN KEY (id_aluno) REFERENCES aluno(cpf),
        FOREIGN KEY (id_curso) REFERENCES curso(id_curso)

);
```

O código `cadastro_matricula.php` que insere os dados do formulário na tabela `matricula` é mostrado no quadro abaixo.

```
<?php

    $id_curso = $_POST['curso'];
    $id_aluno = $_POST['aluno'];

    require(“conexao.php”);
    mysql_select_db(“sis_academico”);

    $inserir = “ INSERT INTO matricula
            ( id_matricula, id_curso , id_aluno)
        VALUES ( ' ', '$id_curso' , '$id_aluno') ”;

    mysql_query($inserir);
    mysql_close($conexao);

?>
```

Cadastro de disciplina

A figura 91 mostra o formulário para cadastrar disciplinas. Nele, são inseridas as informações do nome da disciplina, sua carga horária, os créditos e a ementa.

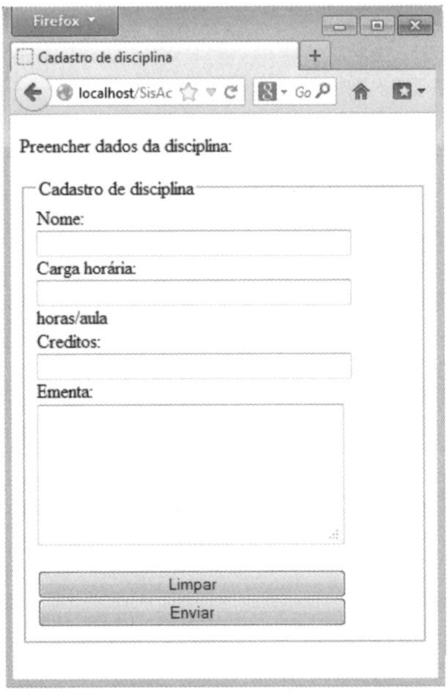

Figura 91

O código do formulário de cadastro de disciplina é mostrado no quadro abaixo.

```
<p>Preencher dados da disciplina: </p>
    <fieldset><legend> Cadastro de disciplina</legend>
    <form method="post" action="cadastro_disciplina.php">
            <label for="nome">Nome:</label>
            <input type="text" id="nome" name="nome" /><br />
            <label for="carga">Carga horária:</label>
            <input type="text" id="carga" name="carga"/>
horas/aula<br />
            <label for="creditos">Creditos:</label>
            <input type="text" id="creditos"
name="creditos"/> <br />
            <label for="ementa">Ementa:</label>
            <textarea name="ementa" COLS=40 ROWS=6></
TEXTAREA>

            <br /> <br />
            <input type="reset" value="Limpar"
name="limpar" >
            <input type="submit" value="Enviar"
name="submit" />
    </form>
    </fieldset>
```

O código SQL da criação da tabela `disciplina` é mostrado no quadro a seguir. A chave primária dessa tabela é `id_disciplina`, um campo numérico autoincrementado a cada linha inserida na tabela.

```
CREATE TABLE disciplina
    (
    id_disciplina INT( 10 ) AUTO_INCREMENT PRIMARY KEY ,
    nome VARCHAR (100) NOT NULL,
    carga_horaria INT ( 10 ) ,
    creditos int ( 10 ) ,
    ementa VARCHAR ( 1000 )

    );
```

O quadro a seguir mostra o código `cadastro_disciplina.php` para inserir os dados do formulário na tabela `disciplina`.

```php
<?php
    $nome = $_POST['nome'];
    $carga_horaria = $_POST['carga'];
    $creditos = $_POST['creditos'];
    $ementa = $_POST['ementa'];

    require("conexao.php");
    mysql_select_db("sis_academico");

    $inserir = " INSERT INTO disciplina
             ( id_disciplina, nome , carga_horaria,
creditos, ementa)
        VALUES ( ' ', '$nome' , '$carga_horaria',
'$creditos', '$ementa') ";

    mysql_query($inserir);
    mysql_close($conexao);

?>
```

Cadastro de disciplinas nos cursos

A figura 92 mostra o formulário de cadastro de disciplinas de um curso. Nele selecionamos o nome do curso e da disciplina.

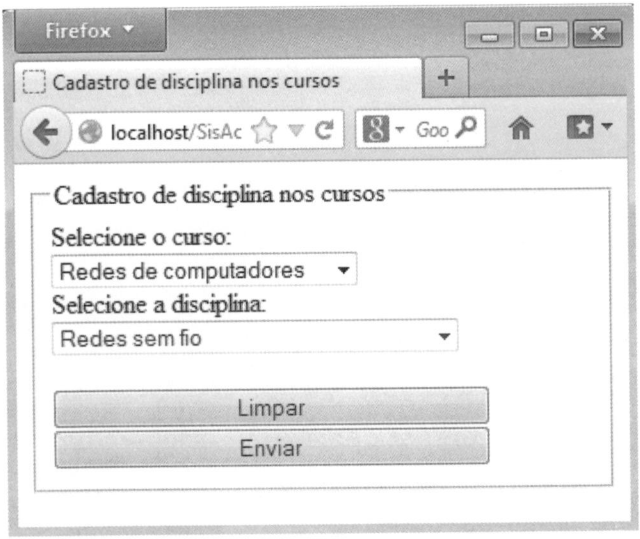

Figura 92

O código do formulário está no quadro a seguir. Vemos que o primeiro `<select>` do formulário mostra, por meio de uma consulta na tabela `curso`, o nome do curso e passa o valor do campo `id_curso`. O último `<select>` mostra, por meio de uma consulta na tabela `disciplina`, o nome da disciplina e passa o valor do campo `id_disciplina`. Salvamos esse arquivo com extensão `.php`.

```
<fieldset><legend> Cadastro de disciplina nos cursos</
legend>
     <form method="post" action="cadastro_curso_
disciplina.php">
     <label for="curso">Selecione o curso:</label>
     <select name="curso" id="select">
        <?php
           require("conexao.php");
           mysql_select_db("sis_academico");
           $consulta=mysql_query("SELECT id curso, nome
FROM curso");
           while ($dados = mysql_fetch_array($consulta)) {
                echo("<option
value='".$dados['id_curso']."'>".$dados['nome']."</
option>");
           }
     ?>
     </select>
     <br />
     <label for="disciplina">Selecione a disciplina:</
label>
     <select name="disciplina" id="select">
        <?php
           require("conexao.php");
           mysql_select_db("sis_academico");
           $consulta=mysql_query("SELECT id_disciplina,
nome FROM disciplina");
           while ($dados = mysql_fetch_
array($consulta)) {
           echo("<option
value='".$dados['id_disciplina']."'>".$dados['nome']."</
option>");
           }
             ?>
     </select>
     <br /> <br />
     <input type="reset" value="Limpar" name="limpar" >
     <input type="submit" value="Enviar" name="submit" />
</form>
 </fieldset>
```

O código SQL de criação da tabela `curso_disciplina` está no quadro abaixo. Essa tabela é formada somente por duas chaves estrangeiras (`id_curso` e `id_disciplina`) que são as chaves primárias das tabelas `curso` e `disciplina`, respectivamente.

```
CREATE TABLE curso_disciplina
    (
     id_curso INT( 10 ) ,
     id_disciplina INT(10 ) ,
     PRIMARY KEY (id_curso, id_disciplina),
     FOREIGN KEY (id_curso) REFERENCES curso(id_curso) ,
     FOREIGN KEY (id_disciplina) REFERENCES
disciplina(id_disciplina)

    );
```

O quadro abaixo mostra o código `cadastro_disciplina_curso.php` que insere na tabela os dados informados no formulário.

```
<?php
    $id_curso = $_POST['curso'];
    $id_disciplina = $_POST['disciplina'];

    require("conexao.php");
    mysql_select_db("sis_academico");

    $inserir = " INSERT INTO curso_disciplina
              ( id_curso , id_disciplina)
           VALUES ( '$id_curso' , '$id_disciplina') ";

    mysql_query($inserir);
    mysql_close($conexao);

?>
```

Cadastro de turma

O cadastro de turma é feito de forma simples. Nós selecionamos o nome da disciplina e o nome do professor. A figura 93 mostra esse formulário.

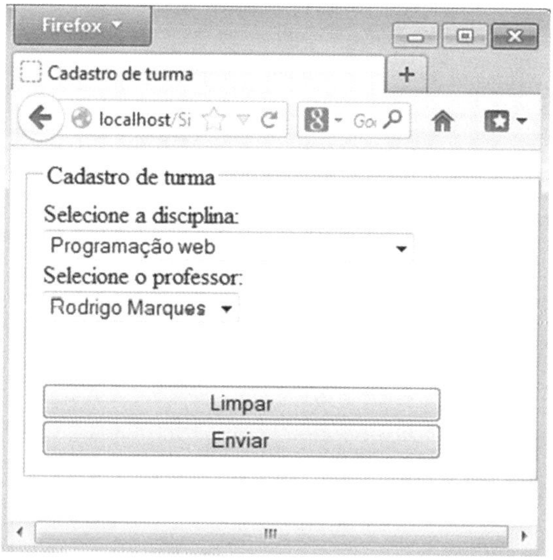

Figura 93

O quadro a seguir mostra o código do formulário. Esse código precisa ser salvo com extensão .php, pois há uma consulta SQL nele. No primeiro `<select>`, mostramos os nomes das disciplinas e passamos o valor do `id_disciplina` (chave primária da tabela `disciplina`) da disciplina selecionada. No segundo `<select>`, mostramos os nomes dos professores e passamos o valor do `cpf` (chave primária da tabela `professor`) do professor selecionado.

```
<fieldset><legend> Cadastro de turma</legend>
<form method=”post” action=”cadastro_turma.php”>
    <label for=”disciplina”>Selecione a disciplina:</
label>
    <select name=”disciplina” id=”select”>
    <?php
            require(“conexao.php”);
            mysql_select_db(“sis_academico”);

            $consulta=mysql_query(“SELECT id_disciplina,
nome FROM disciplina”);
            while ($dados = mysql_fetch_array($consulta)) {
                  echo(“<option
value='”.$dados['id_disciplina'].”'>”.$dados['nome'].”</
option>”);
                        }
    ?>
```

```
    </select>
    <br />

    <label for="professor">Selecione o professor:</
label>
    <select name="professor" id="select">
        <?php
        require("conexao.php");
        mysql_select_db("sis_academico");

        $consulta=mysql_query("SELECT cpf, nome FROM
professor");
        while ($dados = mysql_fetch_
array($consulta)) {
            echo("<option
value='".$dados['cpf']."'>".$dados['nome']."</option>");
            }
    ?>
    </select>
    <br /> <br />
    <input type="reset" value="Limpar" name="limpar" >
    <input type="submit" value="Enviar" name="submit" />
  </form>
  </fieldset>
```

O quadro abaixo mostra o código SQL da criação da tabela `turma`. O campo `id_turma` é chave primária que identifica cada turma, e é um valor autoincrementado a cada nova turma registrada na tabela. O restante da tabela contém duas chaves estrangeiras: `id_disciplina` (referência a chave primária da tabela `disciplina`) e `id_professor` (referência a chave primária da tabela `professor`).

```
CREATE TABLE turma
    (
      id_turma INT( 10 ) AUTO_INCREMENT PRIMARY KEY ,
      id_disciplina INT(10 ),
      id_professor CHAR ( 11 ) ,
      FOREIGN KEY (id_professor) REFERENCES professor(cpf) ,
      FOREIGN KEY (id_disciplina) REFERENCES
disciplina(id_disciplina)

    );
```

O quadro abaixo mostra o código `cadastro_turma.php` de inserção das informações do formulário no banco.

```
<?php

    $id_disciplina = $_POST['disciplina'];
    $id_professor = $_POST['professor'];

    require("conexao.php");
    mysql_select_db("sis_academico");

    $inserir = " INSERT INTO turma
                ( id_turma, id_disciplina , id_professor)
            VALUES ( ' ', '$id_disciplina' , '$id_
professor') ";

    mysql_query($inserir);
    mysql_close($conexao);

?>
```

Cadastro de aluno em turma

A figura 94 mostra o formulário de matrícula de aluno em uma turma. Nela, selecionamos o nome do aluno e a turma, exibida com o nome da disciplina e o nome do professor que a ministra.

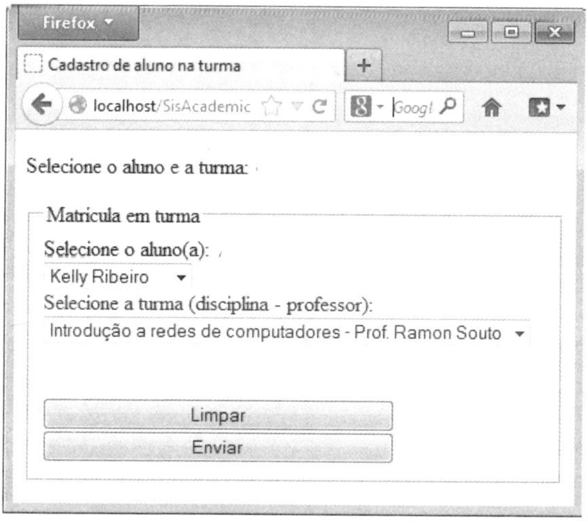

Figura 94

O quadro a seguir mostra o código do formulário. Esse arquivo precisa ser salvo com extensão `.php` pois contém código PHP.

A consulta do primeiro `<select>` contém alguns detalhes interessantes. Primeiro, nós juntamos as tabelas `matricula` e `aluno` para saber quais alunos estão matriculados em cursos. Fazemos isso selecionando os campos de cada tabela (com a sintaxe `nome_da_tabela.campo_da_tabela`) e usando o comando `INNER JOIN`, juntamos onde o CPF do aluno na tabela `aluno` (`aluno.cpf`) é igual ao CPF do aluno (`matricula.id_aluno`) na tabela `matrícula`.

```
<p>Selecione o aluno e a turma: </p>
<fieldset><legend> Matrícula em turma</legend>
 <form method="post" action="cadastro_aluno_turma.php">
 <label for="aluno">Selecione o aluno(a):</label>
 <select name="aluno" id="select">
 <?php
     require("conexao.php");
     mysql_select_db("sis_academico");

$consulta_aluno=mysql_query( "SELECT aluno.cpf,
     aluno.nome AS anome, matricula.id_matricula AS matricula
FROM aluno
INNER JOIN matricula
ON aluno.cpf=matricula.id_aluno ");
while ($dados_aluno = mysql_fetch_array($consulta_
aluno)) {
           echo("<option
value='".$dados_aluno['matricula']."'>".$dados_
aluno['anome']."</option>");
    }
?>
</select>
<br />

<label for="turma">Selecione a turma (disciplina -
professor):</label>
<select name="turma" id="select">
<?php
    $consulta_turma=mysql_query( "SELECT turma.id_
turma as turma,
  turma.id_disciplina, disciplina.id_disciplina,
  disciplina.nome as dnome, turma.id_professor,
professor.nome as pnome
```

```
    FROM turma
    INNER JOIN (disciplina, professor)
    ON (  turma.id_disciplina =  disciplina.id_
disciplina AND
    turma.id_professor = professor.cpf
    )");


    while ($dados = mysql_fetch_array($consulta_
turma)) {
          print_r($dados);
          echo("<option value='".$dados['turma']."'>".$d
ados['dnome']." - Prof. ".$dados['pnome']."</option>");
    }
   ?>
   </select>

<br />
</select>
<br /> <br />
<input type="reset" value="Limpar" name="limpar" >
<input type="submit" value="Enviar" name="submit" />
</form>
</fieldset>
```

O quadro abaixo mostra o código SQL de criação da tabela `aluno_turma`.

```
CREATE TABLE aluno_turma
    (
    id_matricula INT( 10 ) ,
        id_turma INT(10 ) ,
        PRIMARY KEY (id_matricula, id_turma),
        FOREIGN KEY (id_matricula) REFERENCES
matricula(id_matricula) ,
        FOREIGN KEY (id_turma) REFERENCES turma(id_turma)

    );
```

O quadro a seguir mostra o código `cadastro_aluno_turma.php` de inserção das informações do formulário no banco.

```php
<?php

    $id_matricula = $_POST['matricula'];
    $id_turma = $_POST['turma'];

    require(“conexao.php”);
    mysql_select_db(“sis_academico”);

    $inserir = “ INSERT INTO aluno_turma
            ( id_matricula, id_turma)
        VALUES ( '$id_matricula' , '$id_turma') “;

    mysql_query($inserir);
mysql_close($conexao);

?>
```

Consulta de coordenador(a) de um curso

A figura 95 mostra o formulário de consulta de coordenador(a) de um curso. Nele, selecionamos um curso e como resultado será mostrado o professor coordenador deste curso.

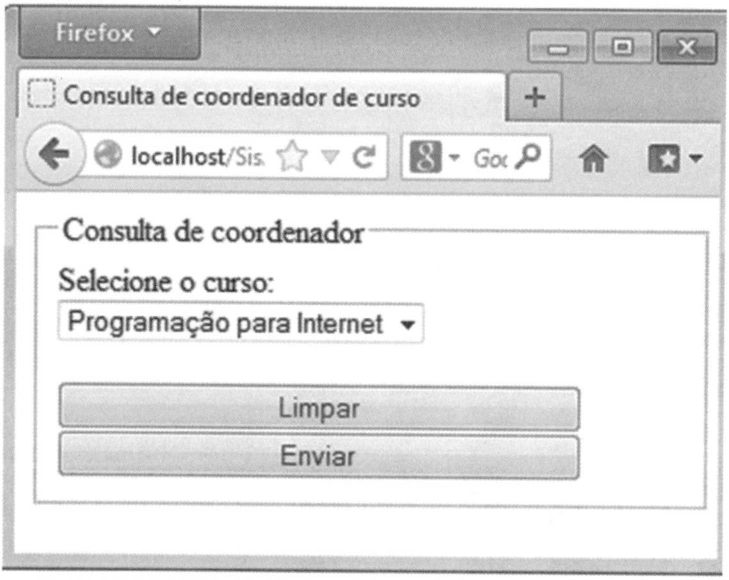

Figura 95

O quadro a seguir mostra o código do formulário de consulta do coordenador de um curso. Ele precisa ser salvo com extensão .php. O <select> do formulário consulta o nome de todos os cursos cadastrados (campo nome) e passa como valor o CPF do coordenador (campo coordenador).

```
<fieldset><legend> Consulta de coordenador</legend>
 <form method="post" action="consulta_1_coordenador.php">
    <label for="curso">Selecione o curso:</label>
    <select name="curso" id="select">
    <?php
    require("conexao.php");
    mysql_select_db("sis_academico");

    $consulta_aluno=mysql_query("SELECT coordenador, nome
FROM curso");
    while ($dados_aluno = mysql_fetch_array($consulta_
aluno)) {
          echo("<option value = '".$dados_aluno['coorden
ador']."'>".$dados_aluno['nome']."</option>");
    }
    ?>
     </select>
<br /> <br />
<input type="reset" value="Limpar" name="limpar" >
<input type="submit" value="Enviar" name="submit" />
 </form>
 </fieldset>
```

O quadro a seguir mostra o código consulta_1_coordenador.php . Escrevemos uma *query* SQL que seleciona os campos de nosso interesse da tabela curso e da tabela professor e realizamos uma junção de tabelas por meio de INNER JOIN.

Para diferenciar os campos de curso.nome e professor.nome atribuímos apelidos aos campos. Assim, em curso.nome AS cnome atribuímos o apelido de cnome ao campo que mostra os nomes dos cursos (curso.nome). E em professor.nome AS pnome atribuímos o apelido de pnome ao campo que mostra os nomes dos professores (professor.nome). No momento de apresentar o resultado, mostramos o resultado dos apelidos cnome e pnome.

O valor do CPF do professor passado no formulário é armazenado na variável $cpf. Esse CPF já é o do professor que é o coordenador do curso, pois essa associação é realizada na tabela `curso`. Falta apenas encontrar o nome desse professor. Assim, nós fazemos a junção das tabelas `curso` e `professor` onde `curso.coordenador = {$cpf}` e também, ao mesmo tempo, onde `curso.coordenador=professor.cpf`.

Chamamos a atenção para a sintaxe que referencia uma variável dentro da consulta SQL: usamos *abre-chaves variável fecha-chaves* (`{$cpf}`). Usaremos sempre essa sintaxe quando desejarmos referenciar o valor passado no formulário dentro da consulta SQL.

```
<?php

    $cpf = $_POST['curso'];

    require("conexao.php");

    mysql_select_db("sis_academico");

    $consulta = "SELECT curso.coordenador,
                        curso.nome AS cnome,
                        professor.cpf,
                        professor.nome AS pnome
                FROM curso
                INNER JOIN professor
                ON( curso.coordenador=professor.cpf AND
                        curso.coordenador = {$cpf})
                ";

    $coordenadores = mysql_query($consulta);
    while($dados = mysql_fetch_array($coordenadores)){
      echo
      " O coordenador do curso: " . $dados['cnome'].
      " é o professor(a) : " . $dados['pnome']." <br />".;
    }
?>
```

Consulta de professor(a) de uma disciplina

A figura 96 mostra o formulário da consulta do professor de uma disciplina. Nele, selecionamos o nome da disciplina e como resultado, deverá ser mostrado o nome do professor cadastrado para essa disciplina.

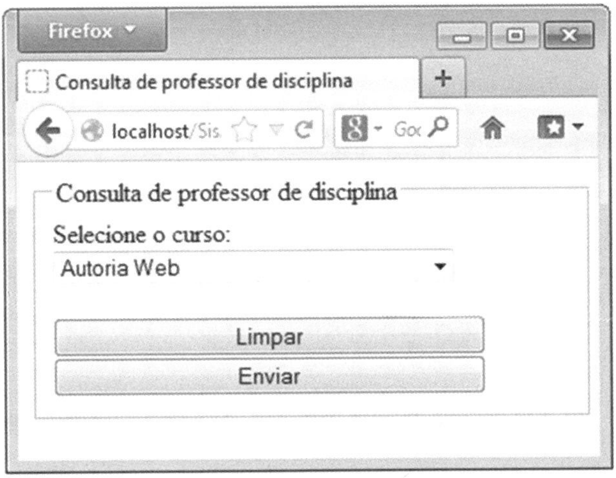

Figura 96

O quadro abaixo mostra o código do formulário anterior. Ele precisa ser salvo com extensão `.php`. No `<select>` do formulário, fazemos uma consulta as tabelas `turma` e `disciplina` para mostrar o nome da disciplina (`dnome`) e passar como valor, o (`id_disciplina`). Nessa consulta, também usamos apelidos para os campos das tabelas.

```
<fieldset><legend> Consulta de professor de
disciplina</legend>
<form method="post" action="consulta_2_prof_
disciplina.php">
<label for="disciplina">Selecione o curso:</label>
    <select name="disciplina" id="select">
    <?php
    require("conexao.php");
    mysql_select_db("sis_academico");
    $consulta=mysql_query("SELECT turma.id_disciplina
AS id_disciplina,
                          disciplina.id_disciplina,
                          disciplina.nome AS dnome
                          FROM turma
                          INNER JOIN disciplina
                          ON turma.id_disciplina =
disciplina.id_disciplina
                          ");
    while ($dados = mysql_fetch_array($consulta)) {
                echo("<option value='".$dados['id_disc
iplina']."'>".$dados['dnome']."</option>");
```

```
    }
    ?>
    </select>
<br /> <br />
  <input type="reset" value="Limpar" name="limpar" >
      <input type="submit" value="Enviar" name="submit"
/>
  </form>
  </fieldset>
```

O quadro a seguir mostra o código `consulta_2_prof_disciplina.php`. Nele fazemos uma junção das tabelas `turma`, `disciplina` e `professor` com `INNER JOIN`, especificando quais campos de cada tabela precisam ser iguais. Isso inclui o identificador da disciplina passado no formulário, que foi armazenado na variável `$dis` e é referendado na consulta por `{$dis}`. Por último, o resultado da consulta é exibido no navegador.

```
<?php
    require("conexao.php");

    mysql_select_db("sis_academico");

    $dis = $_POST['disciplina'];

    $consulta = "SELECT
                    turma.id_disciplina,
                    disciplina.id_disciplina,
                    disciplina.nome AS dnome,
                    professor.nome AS pnome
                    FROM turma
                    INNER JOIN (disciplina, professor)
                    ON ( turma.id_disciplina = {$dis} AND
          professor.cpf = turma.id_professor AND
          turma.id_disciplina = disciplina.id_disciplina)
                    ";


    $curso_disciplina= mysql_query($consulta);
    while($dados = mysql_fetch_array($curso_
disciplina)){
```

```
    echo
        "A disciplina: ".$dados['dnome']."<br />".
      " tem como professor: ".$dados['pnome']."<br />";
    }
?>
```

Consulta de disciplinas de um curso

A figura 97 mostra o formulário que consulta as disciplinas vinculadas aos cursos. Nele, selecionamos um curso e depois será exibido como resultado as disciplinas que foram cadastradas para esse curso.

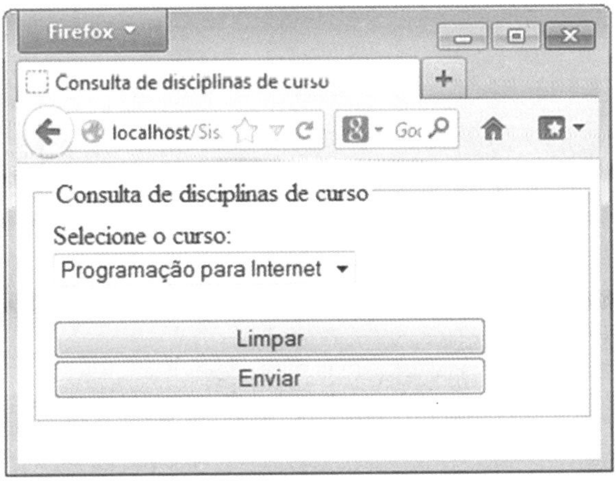

Figura 97

O quadro abaixo mostra o código do formulário anterior. Ele precisa ser salvo com extensão .php. No <select> do formulário é exibido o nome do curso (campo nome) e passado como valor o identificador do curso (campo id_curso).

```
<fieldset><legend> Consulta de disciplinas de curso</
legend>
<form method="post" action="consulta_3_disciplinas_
curso.php">
    <label for="curso">Selecione o curso:</label>
    <select name="curso" id="select">
    <?php
```

```
            require("conexao.php");
            mysql_select_db("sis_academico");

            $consulta=mysql_query("SELECT id_curso, nome
FROM curso ");
            while ($dados= mysql_fetch_array($consulta))
{
                            echo("<option
value='".$dados['id_curso']."'>".$dados['nome']."</
option>");
            }
      ?>
      </select>
      <br /> <br />
      <input type="reset" value="Limpar" name="limpar" >
      <input type="submit" value="Enviar" name="submit" />
      </form>
      </fieldset>
```

O quadro abaixo mostra o código `consulta_3_disciplinas_curso.php`. Nele, fazemos a junção das tabelas `curso_disciplina` e `disciplina`, especificando que o `id` do curso (campo `curso_disciplina.id_curso`) precisa ser o mesmo passado como valor pelo formulário (`{$id_curso}`) e o `id` da disciplina precisa ser o mesmo nas duas tabelas (`curso_disciplina.id_disciplina = disciplina.id_disciplina`).

```
<?php

   $id_curso = $_POST['curso'];

   require("conexao.php");

   mysql_select_db("sis_academico");

$consulta = "SELECT curso_disciplina.id_disciplina,
                      curso_disciplina.id_curso,
                      disciplina.id_disciplina,
                      disciplina.nome AS dnome
          FROM curso_disciplina
          INNER JOIN (disciplina)
          ON ( curso_disciplina.id_curso ={$id_
curso} AND
               curso_disciplina.id_disciplina =
disciplina.id_disciplina )
          ";
```

```
    $disciplinas = mysql_query($consulta);
    while($dados = mysql_fetch_array($disciplinas)){
            echo “ <br /> ”.$dados['dnome'].”<br />” ;
    }
?>
```

Consulta de alunos(as) matriculados(as) em um curso

A figura 98 mostra o formulário de consulta de alunos matriculados em um determinado curso. Nele, selecionamos o nome do curso e será exibido todos os alunos cadastrados nesse curso.

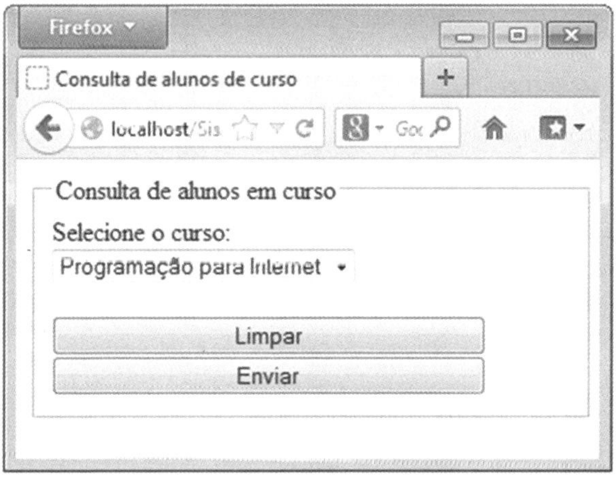

Figura 98

O quadro abaixo mostra o código do formulário. Esse código precisa ser salvo com extensão `.php`. No `<select>` do formulário, fazemos uma consulta a tabela `curso`, mostrando o nome do curso (`nome`) e passamos o valor do identificador do curso (`id_curso`).

```
<fieldset><legend> Consulta de alunos em curso</legend>
<form method=”post” action=”consulta_4_alunos_curso.php”>
    <label for=”curso”>Selecione o curso:</label>
    <select name=”curso” id=”select”>
    <?php
            require(“conexao.php”);
```

```
        mysql_select_db("sis_academico");
        $consulta=mysql_query("SELECT id_curso,
nome FROM curso");
        while ($dados = mysql_fetch_array($consulta)) {
              echo("<option value='".$dados['id_
curso']."'>".$dados['nome']."</option>");
        }
    ?>
    </select>
     <br /> <br />
     <input type="reset" value="Limpar" name="limpar" >
     <input type="submit" value="Enviar" name="submit" />
</form>
</fieldset>
```

O quadro a seguir mostra o código `consulta_4_alunos_curso.php`. Fazemos uma consulta juntando as tabelas `matricula` e `aluno`, onde o identificador do curso é igual ao passado por valor do formulário (`matricula.id_curso = {$id_curso}`) e o CPF do aluno na tabela `matricula` é igual ao CPF do aluno na tabela `aluno` (`matricula.id_aluno = aluno.cpf`).

```
<?php
    require("conexao.php");

    mysql_select_db("sis_academico");

    $id_curso = $_POST['curso'];

    $consulta = "SELECT
                    matricula.id_curso,
                    matricula.id_aluno,
                    aluno.cpf,
                    aluno.nome AS anome
                    FROM matricula
                    INNER JOIN (aluno)
                    ON ( matricula.id_curso = {$id_
curso} AND
                    matricula.id_aluno = aluno.cpf)
                    ";
    $alunos= mysql_query($consulta);
    echo "Alunos(as): <br />" ;
    while($dados = mysql_fetch_array($alunos)){
```

```
    echo
      "  " . $dados['anome']." <br />";
    }
?>
```

Consulta de alunos(as) matriculados(as) em uma turma

A figura 99 exibe o formulário de consulta de alunos(as) matriculados(as) em uma turma. Nele, selecionamos a turma (nome da disciplina e professor) e será retornado os alunos matriculados nessa turma.

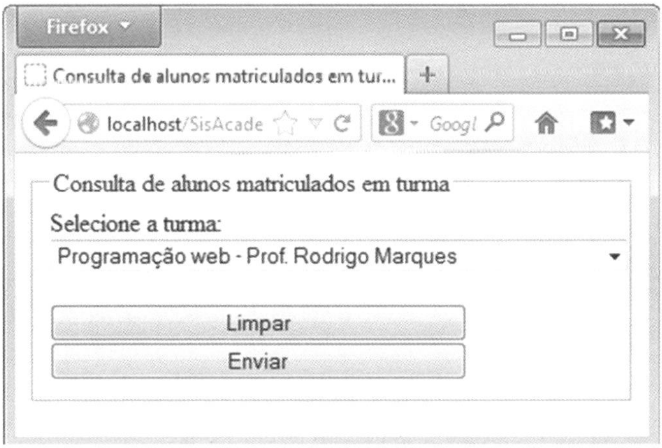

Figura 99

O quadro abaixo apresenta o código do formulário. Mostramos no `<select>` do formulário a turma (nome da disciplina e professor) e é passado como valor o `id_disciplina`.

```
<fieldset><legend> Consulta de alunos matriculados em
turma</legend>
<form method="post" action="consulta_5_alunos_
disciplina.php">
    <label for="disciplina">Selecione a disciplina:</
label>
    <select name="disciplina" id="select">
    <?php
```

```
            require("conexao.php");
            mysql_select_db("sis_academico");

        $consulta=mysql_query("SELECT turma.id_disciplina
AS id_disciplina,
                              turma.id_professor AS id_
professor,
                              disciplina.id_disciplina,
                              disciplina.nome AS dnome,
                              professor.cpf,
                              professor.nome AS pnome
                          FROM turma
                          INNER JOIN (disciplina, professor)
                          ON (turma.id_disciplina =
disciplina.id_disciplina AND
                              turma.id_professor =
professor.cpf
                              ) ");
            while ($dados = mysql_fetch_
array($consulta)) {
                  echo("<option value='".$dados['id_
disciplina']."'>".$dados['dnome']." - Prof.
".$dados['pnome']."</option>");
            }
        ?>
          </select>
          <br /> <br />
          <input type="reset" value="Limpar" name="limpar" >
          <input type="submit" value="Enviar" name="submit" />
    </form>
    </fieldset>
```

No quadro abaixo o código `consulta_5_alunos_disciplina.php`. Nele, juntamos com `INNER JOIN` as tabelas `turma`, `matricula`, `aluno` e `aluno_turma` com a igualdade de campos especificadas. Depois exibimos o nome dos alunos cadastrados na turma selecionada.

```
<?php
    require("conexao.php");
    mysql_select_db("sis_academico");
```

```
    $id_disciplina = $_POST['disciplina'];

    $consulta = "SELECT
            turma.id_turma,
            turma.id_disciplina,
            matricula.id_aluno,
            matricula.id_matricula,
            aluno.cpf,
            aluno.nome AS anome,
            aluno_turma.id_turma,
            aluno_turma.id_matricula
            FROM turma
            INNER JOIN (matricula, aluno, aluno_turma)
            ON ( turma.id_disciplina = {$id_disciplina} AND
                turma.id_turma = aluno_turma.id_turma AND
                aluno_turma.id_matricula=matricula.
id_matricula AND
                matricula.id_aluno = aluno.cpf
        )";


    $alunos= mysql_query($consulta);
    echo "Alunos(as) da disciplina: <br />" ;
    while($dados = mysql_fetch_array($alunos)){
        echo "  " . $dados['anome']." <br />";
    }
?>
```

Considerações finais

Neste livro, aprendemos a construir páginas web usando HTML e CSS. Introduzimos ações nessas páginas web por meio de códigos JavaScript. Estudamos como escrever códigos PHP que geram páginas HTML e também como criar um banco de dados para armazenar e consultar informações. Por último, vimos os passos de como construir um sistema real, um sistema de controle acadêmico.

REFERÊNCIAS

GILMORE, W. Jason. **Dominando PHP e MySQL**: do iniciante ao profissional. Rio de Janeiro: Alta Books, 2008.

MICROSOFT Visual C++ 2010 SP1 redistributable package. [capturado em 10 jul. 2012]. Disponível: <http://www.microsoft.com/download/en/details.aspx?id=8328>.

MySQL. [capturado em 18 ago. 2012]. Disponível: <http://www.mysql.com>.

PHP. [capturado em 2 ago. 2012]. Disponível: <http://php.net/>.

PHP: MySQL manual. [capturado em 18 ago. 2012]. Disponível: <http://php.net/manual/pt_BR/book.mysql.php>.

WAMPSERVER. [capturado em 10 jul. 2012]. Disponível: <http://www.wampserver.com/>.

WELLING, Luke. **PHP e MYSQL**: desenvolvimento web. 3. ed. Rio de Janeiro: Campus, 2005.

W3SCHOOLS HOME. **CSS tutorial**. [capturado em 6 ago. 2012]. Disponível: <http://www.w3schools.com/css/default.asp>.

W3SCHOOLS HOME. **HTML tutorial**. [capturado em 30 jul. 2012]. Disponível: <http://www.w3schools.com/html/default.asp>.

W3SCHOOLS HOME. **Javascript tutorial**. [capturado em 20 ago. 2012]. Disponível: <http://www.w3schools.com/js/default.asp>.

W3SCHOOLS HOME. **PHP tutorial**. [capturado em 2 ago. 2012]. Disponível: <http://www.w3schools.com/php/default.asp>.

Representantes comerciais

EDITORA SENAC RIO DE JANEIRO
Rua Pompeu Loureiro, 45/11º andar – Copacabana
CEP: 22061-000 – Rio de Janeiro – RJ
Tel: (21) 3138 1385
e-mail: comercial.editora@rj.senac. br

EDITORA SENAC SÃO PAULO
Rua Rui Barbosa, 377 / 1º andar – Bela Vista
CEP 01326-010 – São Paulo – SP
Tel: (11) 2187-4450
Fax: (11) 2187-4486
e-mail: editora@sp.senac.br

Este livro foi impresso pela Gráfica Imos
em fevereiro de 2014, em papel offset 90 g/m^2
no miolo e cartão supremo $250g/m^2$ na capa
e composto nas fontes Gungsuh e Minion Pro.